よくわかる
経営倫理・CSRの
ケースメソッド

エシックストレーニングのすすめ

岡部幸徳 著

東京 白桃書房 神田

■はじめに

　本書は学術的な研究書ではない。筆者がこの10年余りのあいだに研鑽してきたケースメソッド研修の実践の方法やノウハウを、多くの方々と共有し、それぞれの職場で、教室で、実践してもらいたいという目的で執筆した、いわゆるノウハウ本であり、一般社団法人「経営倫理実践研究センター」(以下 BERC、ホームページ http://www.berc.gr.jp) のケースメソッド研究部会において、会員企業の担当者の方々と研鑽を積んできた内容をまとめたものでもある。

　企業倫理やコンプライアンスなどの企業研修は、往々にして、法律研修会や社内外規則の確認会であったり、「偉い先生の講話」を聴く会であったり、「あれはするな」「これはするな」の禁止事項確認研修会になりがちである。そこでは参加者は、単にそれを聞き流すだけで研修は終わりになる。しかし、それで、ほんとうに研修受講者は、所属する企業が期待するようなコンプライアンスを順守する行動をとることができるようになるのか？　そこで決して必ずしもすべての企業に効果があるとはいえないが、しかし、その効果的な方法の1つとして「ケースメソッドによるエシックストレーニング」を紹介したのが本書である。

　筆者は金沢工業大学で「科学技術者倫理」を教えている。16回ある講義のなかで3つの事例を用い、各事例ごとに2回分を費やす。つまり、講義回数の3分1を討論に充てるのである（本書には、そのうちの1つの事例である「ソーラーブラインド」を掲載した。その検討の進め方をこの書で解説している）。学生たちは、自分の意見を言うことに躊躇する場合もあるが、こちらが考えているよりも充実した思慮深い意見交換をしてくれることが多い。企業の実務家が本学を見学されることがあるが、その際に、「なぜ学生たちが積極的に討論しているか」という趣旨の質問を受け

はじめに

る。金沢工業大学では、学部1年生入学当初からグループ活動をさせ、次週課題を行わせるような形式の講座が多くある。いわゆるプロジェクトベースドラーニングといわれる教育手法を我が国でもっとも早く実践したのである。そのため、学生たちが話し合いになれているという点もあろう。

しかし、実習ではない座学講座においては、実習講座のような雰囲気を醸し出すのはなかなかむずかしい。筆者が金沢工業大学で担当する「科学技術者倫理」では、このケースメソッドによる倫理観の涵養実習のような手法（本書では「エシックストレーニング」と呼ぶ）を用いている。自分の意思決定によって直面した困難な状況への対応の成否が問われる事例について、まずは個人で問題点を洗い出し、意思決定を下し、その行動設計を構築していく。次のステップでは、グループのメンバー同士の話し合いによって、参加者が納得のいくような意思決定と行動設計を議論の積み上げによって作り上げるのである。そこでは、当然、個人のもつ価値観を揺さぶられ、お互いに意見を尊重しながら最適と思われる行動設計を作り出すための話し合いがもたれる。それによって学生たちは、お互いの考えを尊重し合い、1つの共有する行動案を得るのである。この話し合いの過程がきわめて重要であり、それが技術者としての在り方を自ら考え、行動できるように促していくのである。

金沢工業大学では、次のような技術者を社会に輩出することをその使命と考えている。

「自ら考え行動する技術者」

そのための方法の1つとしてのケースメソッドを、だれもが実践できるようになってほしいと考え著したのが本書である。本書では、「白熱教室」にでてくる専門家のような、華やかなケースリードはめざさない。いわば、それとは真逆の「愚直に毎日ケース教材を使用して意見交換を行うた

めに必要なケースリードのスキルの修得と実践」をめざす。ケース議論をするたびに、参加者が何かを1つだけでも得て、研修を終えられるようなゆっくりとして、堅実かつかしこまらないで行えるような研修の実践を勧める書である。

　本書の構成を記しておこう。
　第Ⅰ部は4章から成っている。
　第1章では、ケースメソッドといわれる手法について説明し、いままでの講義式研修方法とはどこが違うのか、またどのような効果が期待できるかなどを紹介していく。
　第2章では、ケースメソッド研修の実践の流れとそのポイントを説明し、実践に必要な準備を説明する。具体的には、ケースメソッド研修によるエシックストレーニングを実践するための準備、研修規模・参加人数、必要な設備や会場などについてのポイントを紹介する。また、後半ではグループ討論、全体討論、そして、まとめ・解説へと進む際のそれぞれの概要とポイントを説明する。
　第3章は、ケースメソッド研修の一方の要となるケースリードについて説明する。とくに、ケースのリードをいかに進めていくのかを中心に据え、エシックストレーニングを前提とした研修準備から全体討論終了後のケース解説までを説明する。また、すべてのケースに共通する導き方のポイントも詳しく解説する。
　第4章では、本研修方法で使用するエシックストレーニング用シナリオの作成方法について説明する。有効性の高い研修のためには、研修実施担当者が、自社の組織風土や就業規則、コンプライアンス上の留意点などを基礎知識としたケースを作成する必要があろう。また、高い研修効果を得られるようなケースリードを通して、満足いく研修の実現を達成するため

はじめに

にも、担当者自らが作成したシナリオを用意することが望ましいのである。

　第Ⅱ部は、本書で紹介してきたケースメソッドを実践してもらうために、使いやすいケースシナリオを掲載した。掲載教材は著者が多くの企業の方々と作り上げ、実際に研修の場で広く使用してきたものである。また、BERCのケース研究部会をはじめ、多くの企業で活用されている金沢工業大学制作の事例ドラマ「ソーラーブラインド」資料なども掲載したので併せて活用していただきたい。

　2014年1月

著者記す

■目　次

はじめに

第Ⅰ部　ケースメソッドの手法と実践

第1章　ケースメソッドとは？ ─────────── 3
- **1-1** ケースメソッドとは何か　3
- **1-2** ケーススタディとケースメソッド　8
- **1-3** ショートシナリオによるエシックストレーニング　10
- **1-4** ケースメソッドから期待できる効果　12

第2章　ケースメソッド研修 ─────────── 16
- **2-1** 研修規模・参加人数　17
  - ①参加人数　17
  - ②参加者の構成内容　18
  - ③参加者の役割とケースリーダーの役割　18
  - ④時間配分　20
- **2-2** ファシリティ、エクイップメント　20
- **2-3** ケースメソッド・エシックストレーニングの実践のために　23
- **2-4** ケースリーダーによる運営　25
  - ①ケース教材の配布、読み込みと検討　25
  - ②個人レベルでの意思決定と行動設計　26
  - ③グループ討論　27

目　次

　　　　④全体討論　28
　　　　⑤ケース討論の「まとめと顛末」　30
　　2-5　まとめ　31

第3章　ケースの導き方について：エシックストレーニングの実践　33

　　3-1　参加者の準備について　34
　　3-2　ケースリーダー自身の準備　36
　　3-3　研修参加者についての情報確認　37
　　3-4　ケースの選択　38
　　3-5　グループ分け　40
　　3-6　研修でのリード：その流れとポイント　42
　　　　①ケースの配布と読み込み：「個人の意思決定・行動設計」の構築　42
　　　　①′グループ討論への移行タイミング　44
　　　　②グループ討論　45
　　　　③全体討論　50
　　3-7　全体討論におけるさまざまなケースリードのポイント　52
　　　　①ジレンマ問題を扱うケースのリード　52
　　　　②線引き問題を扱うケースのリード　53
　　　　③映像によるケース教材を扱う　54
　　　　④映像ケース「ソーラーブラインド」のケースリード例　54
　　3-8　ケースリーダー8つの役割、教育上の7つの罪　59
　　　　①8つの役割　60
　　　　②教育上の7つの罪　61
　　3-9　討議でよくある「困った意見」や「困った状況」への対処　62
　　3-10　まとめ　65

第4章　ケースシナリオの作成と修正　66

　　4-1　事例シナリオの様式と文章量　66

4-2 事例・シナリオ教材の作成　67
　①事例の選定　68
　②事例のデータ収集　68
　③事例の情報収集　69
　④事例情報の整理　70
　⑤物語化・シナリオ化　70
　⑥ケースバランスの検討（ジレンマ問題と線引き問題）　71
　⑦解説ツールの作成　72
　⑧ケース作成のポイントチェック　73

4-3「ケースシナリオ作成　6Step」に沿ったシナリオ作成の演習　73
　1. テーマ、事象はなにか？　どのような事例かを考え、「事例全体の概略を短文でまとめる」　75
　2. 作成したシナリオの概略を読み、この事象が「ジレンマ問題」なのか「線引き問題」なのかを決める　76
　3. シナリオの諸設定を決める：a. 国・地域　b. 季節　c. 時刻　d. 組織名称や名前　e. 組織形態　f. 主要な登場人物は何人か　g. その他　77
　4. シナリオの段落ごとに記述内容を検討し、設問を考える　80
　5. 出来上がったケースの見直し、テストラン　82
　6. 解説スライドの作成　84

4-4 ケースの改善　85

第Ⅱ部　ケースメソッドのケース教材

「導入講義スライド例」　91

ケース「駐車違反」①　――――――――――――――――93
　■ケース「駐車違反」①の解説とポイント　95

ケース「駐車違反」②　――――――――――――――――96
　■ケース「駐車違反」②の解説とポイント　98

目　次

ケース「過労」 ─────────────────── 99
　　　■ケース「過労」ポイントと解説　102

新聞記事「クマ牧場」 ────────────── 104

新聞記事「クマ牧場、その後」 ─────────── 105
　　　■ケースの解説　106
　　　ケースリード確認書スライド「クマ牧場」　107

ケース「わんわん動物公園」A ─────────── 110

ケース「わんわん動物公園」B ─────────── 112

ケース「恋人の聖地」 ───────────── 114
　　　■ケース解説　116

ケース「緊急対応」 ────────────── 117
　　　■ケースの解説　119

ケース「小さな親切」 ───────────── 121
　　　■ケースの解説　123

ケース「ソーラーブラインド」 ─────────── 125
　　○メインタイトル『ソーラーブラインド』　126
　　　登場人物紹介及び状況設定　126
　　　1　クロスサイドエレクトロニクス社（CSE社）・表《春》　127
　　　2　同・会議室　127
　　　3　居酒屋・店内（夜）　129
　　　4　コントロールユニットの試作品を作る真田たち（製作室の窓外より）　129
　　　5　スマートシステム電器産業・製作室《夏》　130
　　　6　真田たちと細谷たちのチェック作業（設計室と製作室）　131
　　　7　スマートシステム電器産業・製作室　131
　　　8　同・設計室　131
　　　9　同・屋上の休憩場所　132

10　同・設計室（夜）　132
          11　同・設計室　134
          12　同・製作室（夜）　134
          13　同・製作室（朝）　134
          14　同・屋上の休憩場所　134
          15　同・設計室（夜）　135
          16　同・製作室前廊下　136
          17　同・食堂・喫茶コーナー　137
          18　CSE社・会議室　137
    ケースリードのシンプルチェックシート　138
    ケースメソッドリード事前チェックリスト　139

引用・参考文献 ———————————————— 140
あとがき ———————————————————— 141

第I部
ケースメソッドの手法と実践

第1章

ケースメソッドとは？

1-1　ケースメソッドとは何か

　我が国において、「これからは経営倫理が必要である」と企業サイドからいわれ始めたのは1995年頃からであろう。いまでは経営倫理は、企業倫理、技術者倫理、コンプライアンスなどの概念とすり合わせを重ねながら、あらゆる組織にゆっくりと浸透している。ここ数年は、企業の社会的責任（以下、CSR）、それを積極的に進める戦略的CSRなどの概念と融合を図りながら、どちらかといえば実務優先で定着浸透が進んでいる。企業組織は、複数の人間から成り立つ。そこでは組織の理念を全員が理解し、統一の価値観をもちつづけられる仕組みと仕掛けを講じることが非常に重要になる。

　しかし、理念や価値を共有したとしても、日々の業務を進める中では、おのずと一人ひとりの行動に違いが生じる。それぞれの人が「善」とする着地点に、それぞれが降り立った時に結果的に全員が違う「善」に立っていたとしても不思議ではない。しかし、その結果が、組織に大きなデメリットをもたらし、思いもよらぬ事態に発展することになろう。

　近年、我が国の企業では、そのような事態を未然に防ぐために、社員の教育研修を継続的に行い、不祥事の発生防止に努めている。組織によって

このような問題を扱う部署は異なる。例えば、名称だけ取っても、コンプライアンス部、社会責任推進部、CSR部などさまざまである。しかし、ここ数年、そのような企業理念や価値を出発点とし、社内ルールと社会規範の相違から起こる事象を社内研修で取り上げる企業が増えている。そこではディスカッションを通じて、それらの対応を具体的に検討する手法を取る。これが「ケースメソッド」といわれる討論形式の社内研修会である。

「ケースメソッド」形式の研修会は、一般的な講義形式の研修会と比べて、その進行方法が全く異なる。特徴的なのは研修会を進める講師は講演をしないことである。逆に、研修の参加者が多くの発言を求められ、講師よりも参加者の総発言数の方が多いこともある。しかし、いままでの講義形式の研修に比して発言を多く要し、ディスカッションを求められるにもかかわらず、参加者のケースメソッド形式研修の評価はきわめて高い。

この点について、大阪ガス株式会社の社内研修会で、筆者が指導をさせていただいた「ケースメソッド研修」を初めて受講した参加者が回答したアンケート調査の結果と感想の一部を紹介しよう。受講者数は34名である。

「事例が親しみやすいので、いろいろな考え方が開けた」
「ディスカッションにより、各人の考え、意見が出て、新たな発見につながった」
「現実の対応と私を含めたグループの皆の意見が違うところに面白さを感じた」
「実際にあったことと、その判断を聞いて、自分の考え方、整理の方法が別の視点からもとらえなければならないと感じた」
「全社員が受講すべきである」

第1章　ケースメソッドとは？

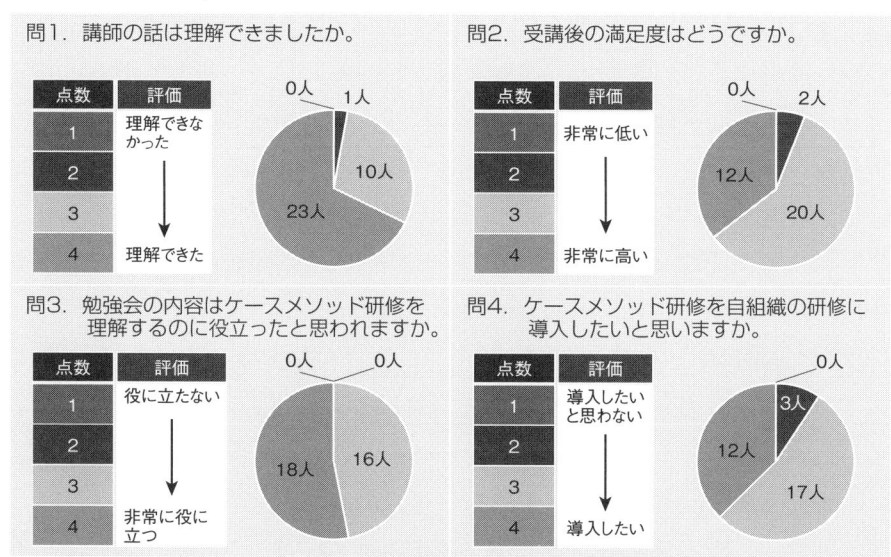

図1-1　ケースメソッド研修受講後のアンケート調査

など、この研修会について多くの肯定的意見が占めている。また、アンケート調査では、次の4点の設問の回答を得た。

設問は、
1. 講師の話は理解できましたか。
2. 受講後の満足度はどうですか。
3. 勉強会の内容は、ケースメソッド研修を理解するのに役立ったと思われますか。
4. ケースメソッド研修を自組織の研修に導入したいと思いますか。

である。評価の低い方から点数1、もっとも高い評価が点数4である。

この調査1つをもって、ケースメソッド研修のすべての評価が高いとはもちろん言い切れないが、少なくともこのアンケートでは設問のすべてで、高い評価を得ている。講師の話への理解度が高まり、受講後の満足度

も十分に得られている。とくに、問4では意思の強弱こそあれ、9割以上の参加者が自組織への導入も検討したいと回答をしているのである。

　一般的に参加者にとって、社内研修は非常に大切なものと理解していながらも、毎日多忙な中で業務時間をわざわざ割かれてしまう面倒なものと感じ、敬遠されがちなものである場合が多い。とくに、本書で扱うようなコンプライアンスや企業倫理、CSRなどをテーマとする研修会では、丸一日研修所に閉じ込められ、なにやら「あれをやってはいけない」「これをやってはならない」「こうあるべきである」などと説教のような話を延々と聞かされる。そのような過去の経験から、「眠くて嫌な研修の代表格」といえる分野かもしれない。しかし、前述した企業のコンプライアンス研修会受講後の参加者の感想は全く違うのである。

　本書では、研修受講生の多くが、積極的かつ好意的な評価を示してくれた「ケースメソッド」といわれる研修方法の、（とくにコンプライアンス、CSR、経営倫理〔以下、経営倫理等〕などを組織に定着浸透させるために導入する場合を想定して）準備から終了後のフォローアップに至るまでを、わかりやすく説明することを狙いとしている。また、社内研修で抵抗なく気軽にケースメソッドを実践してもらうために、どのような準備をし、どのように進めたらよいか、さらに、どのような点に注意をしておくのがよいかなど、実務上の留意点を中心に理解し実践してもらうことをめざす。

　ケースメソッド研修を進める場合、事務方の準備、リード役（講師に相当）の準備、参加者の準備が必要になる。どの立場で自分が関与するかによって、作業内容は変わるが、一般的な「講演方式」の研修に比べれば、非常に多くの手間がかかる。しかし、それに余りある研修効果が期待できるのである。

　たしかに、経営倫理等研修は、その内容自体は非常に重要なものであ

り、ひとつ間違えば企業の存続に影響を与えるような内容を理解させる必要がある。そのため一所懸命に講話の準備をするあまり、非常に厳粛で格調高い、もしくは法律の解釈を論ずるお堅い内容になってしまいやすい。しかし、その研修内容を実務上、日々の業務の中で生かしていくことができる従業員がどれだけいるだろうか。それも法務部やコンプライアンス部の担当者ならいざ知らず、1回の聴講で、関連するステークホルダーの人々の異なる立場と、それぞれの価値観に共通する理解に基づいて、問題解決する意思決定と行動設計を導き出せる従業員がどれだけいるかである。

多くの企業において経営倫理等研修が行われている理由はまさにここにある。近畿大学でケースメソッド形式の授業を展開する中谷常二は、これらの教育、とくにビジネスにおける倫理教育の目的を2つ挙げる。1つ目は「ビジネスに関する法規制や社会的規範、企業の行う社会的活動などについての知識を習得」[1]する目的。2つ目に「受講者がビジネスの現場においてよき経営者、よき従業員、よき消費者となり倫理的行動をするように喚起する」[2]目的があるという。

本書で紹介するケースメソッドの手法が、これらの目的についてもっとも近道となるものかどうかはわからない。しかし、筆者は経営倫理、CSRそして科学技術者倫理などの教育と研究を通して、10年以上の試行と実践を重ねた。それを踏まえ、実際に営利組織、非営利組織等で研修を実践し、それらの受講生から一定の高い評価を得てきた具体的手法を本書で紹介していく。討議を重ねるケースメソッドといわれる手法は、お互いが自分の意見を話し合うことによって、前述の2つの目的の達成を期待する。そこでは、自分の意見は必ずグループメンバーの全員に吟味される。ま

1　中谷常二編著『ビジネス倫理学』晃洋書房，2007，p.225
2　中谷常二編著『ビジネス倫理学』晃洋書房，2007，p.225

た、全員が納得できるような意思決定と行動設計を導き出すために、さまざまな角度から検討が加えられるので、多くの視点、多くの立場から検討を加えられた意思決定を得ることになる。グループ作業を伴うという点では、ワークショップ型に近いが、それとも同じではない。

　また、ケーススタディという言葉もある。現在、ケーススタディとケースメソッドは言葉として同じように使われている。しかし、実はケーススタディとケースメソッドはその目的が全く違うものである。エシックストレーニングという表現も聞くことがある。現在は、それぞれの良いところを取り入れ、その境界線はなくなりつつあるようだが、これらの相違点を説明しておこう。

1–2　ケーススタディとケースメソッド

　多くの人にとって「ケースメソッド」という言葉はあまり聞きなれないものであろう。同じような言葉に「ケーススタディ」がある。現在では、その両方の長所を取り入れた教材も開発されているが、実は元を正せば、それぞれが異なるものである。「ケースメソッド」と「ケーススタディ」は、なにがどう違うのか。

　「ケーススタディ」は、すでに我が国においては馴染み深く、日本語としても市民権を獲得した言葉であろう。これから本書で理解し活用していこうとする「ケースメソッド」に比べれば、いろいろなところで使用されている表現である。これとケースメソッドは異なるものなのであろうか。表1–1を見てほしい。

　これはケースメソッドとケーススタディの違いの説明をわかりやすく表にしたものである。これによれば、ケーススタディは、読み手にとっては情報摂取、書き手においては情報提供が目的である。ケースメソッドは教育研修が目的であり、そこには、ケース教材の書き手が考える何らかの教

表1-1　ケーススタディとケースメソッド

	ケーススタディ	ケースメソッド
目的	情報提供	教育
参加者の作業	情報の摂取	問題発見・分析・意思決定
記述	解釈的・評価的	中立的・客観的を目指す
描写場面	事象の時系列的描写と課題の提示	意思決定・判断を迫られている場面
問題提示	明示的	明示されているとは限らない
結論	明示的	明示されない
使用方法	ひとりで熟読	グループやクラスで討論

出典）山根節・山田英夫・根来龍之『日経ビジネスで学ぶ：経営戦略の考え方』（日本経済新聞社，1993年）より

えを、読み手が討論を通して、それらを獲得するように設計される大前提がある。つまり、ケースメソッドは、ケーススタディのように得た情報を分析し、その事象の結果を踏まえて、方法論の是非や、行動と結果の因果関係を説くだけではなく、そもそも、教育が目的である。ケース教材の検討を通して、何らかの教訓を（擬似的ではあるが）会得し、将来直面するであろう現実の問題解決に貢献しようとするものである。

また、ケーススタディでは、フィクションの「作り話」を情報摂取のために用いることはない。しかし、ケースメソッドでは、あえて事実のケースをフィクションに作り変え、活用することすらある。この点がきわめて、特徴的な相違点であろう。作り話から何が学べるかと思う方もいるであろう。本書第4章のケースの作成で詳しく説明するが、ケースメソッドでは実に重要な1つの手法として、事例のフィクション化すらありうるのである。

高木と竹内は「読み終わった時に「なるほど、そうなっているのか」と

感じるのがケーススタディ用のケース、「これは困った。何とかしなくては」と感じるのがケースメソッド用のケース」[3]とわかりやすく表現している。

1-3　ショートシナリオによるエシックストレーニング

　説明だけでは理解しにくいかもしれない。ここでケースメソッド教材の具体例を簡単に紹介する。第Ⅱ部「ケースメソッドのケース教材」にあるいくつかのケースメソッド教材を見ていただきたい。これらのケースには短編のストーリーが記されており、ある登場人物が、ある意思決定や行動設計について困難な状況に直面している様子が描かれている。そこでは、大筋の状況は理解することができるが、詳細なデータなどは記載されているわけではない。まず読み手は個人として所与の状況の中で、自らのこれまで得た知識、経験はもとより、所属する組織の理念・価値観などを意識的に、もしくは無意識的に判断のよりどころとしながら、自らの意思を決定する。加えて、それをどのように具現化していくかを考えるのである。

　個人ベースの次は、5、6人のグループで意見交換を行う。それらのグループメンバー同士の意見交換ののちに、現実の意思決定を模して、それらの意見を1つにまとめていく。つまり、個人の意見や行動の形成だけを求めればよいものではなく、複数の意見交換や行動の比較、積み上げを通して意見集約を図るのである。これは、同じ組織のメンバーであっても、異なる意思、行動様式をもつのだという、改めての気づきを参加者に与えることになる。

　いうまでもなく、倫理観は、個人個人異なる。一人ひとりがもつ善悪の判断基準は（法律によるものは明文化されているので表面的にはブレはな

3　髙木晴夫・竹内伸一『実践！　日本型ケースメソッド教育』ダイヤモンド社、2006年

いが)、全く同じであるということは本来ありえない。では、話し合いを通して、これらの相違に気づき、違いを意識できるようにならないか。それらを意識しながら、コンセンサスを形成していくことは、それをしない時よりも、当然、ステークホルダーの納得性を高めやすいのではないか。それは、自分以外の人々の立場を考慮しながら思考を重ねることが必要だと気づくからである。

　本書では、前述のような点に自ら気づくことができる力を涵養する研修方法を勧めるものであり、さらに「短編のケースシナリオを用い、顕在化した、もしくは潜在的な倫理的問題の存在に気づける感度を涵養するケースメソッド形式の研修方法」のことを「エシックストレーニング」と呼ぶことにしたい。

　ここまで、ケースメソッドの説明を中心に、エシックストレーニングの概要も説明してきたが、次のような疑問をもった方がいるはずである。「米国のビジネススクールなどで使用されている長編の物語などもケースメソッドといわれている。しかし、本書の第Ⅱ部のケースシナリオはA4頁数にして1頁ほどしかない。これはなぜか？」というものである。たしかに、何十頁もあるケースシナリオと1頁しかないものが同じ括りでよいのかという疑問は理解できる。だが、実務家の方々を主な読者対象として設定する本書では、1頁ほどのいわゆる「ショートケース」を使用する前提で話を進める。なぜショートケースを勧めるかという理由を以下に記しておく。

　　理由①　多忙なビジネスパーソンにとって時間はもっとも大切にすべき資源である。当然、だれにでも等しく1日24時間与えられている。その時間を最大限に有効活用することは自明の理であろう。好きな小説ならいざ知らず、いかに研修が大切とはい

え、何十頁もある研修時のみに使う長編の文章に、時間を必要以上にかけたくないというのが本音であろう。

理由②　もし、長編のシナリオだけにしか、ケースディスカッションの効力がないのならば、それは長編のものを使用すべきである。しかし、短編のケースシナリオを使用した場合でも長編のそれと遜色ない、時にはそれ以上の研修効果が得られるならば、短編のシナリオを使用することを積極的に勧めるべきである。

この2点が短編シナリオを用いる理由である。さらに、より一層強調したい点として経営倫理・CSRなどの分野に特有の理由を挙げておこう。

・短編シナリオでは、文章記述量が紙幅の制限により、長編のそれと比べて当然少ない。そのため記述をあいまいにしておかざるをえないことや、ある情報を割愛せざるをえない場合もある。実は、研修時の討論において、これが現実状況のあいまいさとリアルタイムでの状況変化に相当するような効果を引き出すことがある。

このようなメリットが享受できる短編ケース教材であるならば、その使用をお勧めすることを、長編シナリオの経験者の方はご理解いただけると思う。

1-4　ケースメソッドから期待できる効果

ケースメソッドを実践することで研修の参加者にはどのような研修効果が期待できるのであろうか。この点がもっとも興味のある点かもしれない。

先ほどの第Ⅱ部の資料ケースを再度ご覧いただきたい。この資料を説明

すれば、「物語的に内容を書き綴り、その登場人物がある問題に直面した状況で物語が終わる」、また、その文章においては「問題点は明確にされておらず、直面した問題の結末やそれへの正解なども書かれていない」。そして、典型的な問建ての形として「あなたがこの主人公ならば、このあとどうするか？」という読み手に判断をさせる形をとり、シナリオに登場する人物の立場に立って、自分ならどうするかの意思決定と行動設計を構築するものになる。

　例えば、社内研修会においては、「あなたなら、どうする？」という判断をグループごとに議論をする形をとる。そして、そのグループや各メンバーたちはここが問題だと思われる点や事象をピックアップし、それを分析、行動設計を構築しながら、最終の意思決定を行う。つまり、そこではグループメンバーの意見交換とその相違点のすり合わせ作業が行われるのである。社内研修ならば、常日頃から同じ職場で働いている人々であり、同じ組織のメンバーとして、また、同じ価値観をもつものとして意見が同じになるのではないか、と思われるであろう。だが、不思議とそんなことはないのである。同じ組織の中でも、異なる価値観をもち、まったく異なる意見となることが多い。どちらかといえば、グループのメンバー間で、まったく同じ意見が出て、まったく同じ行動設計が出てくることのほうがほとんどない。もし、まったく同じ意見、まったく同じ行動設計が出てくるようであれば、自由な意見を言い合う風土や雰囲気を許さないなんらかの障害があると考えるほうがよい。通常、研修会の準備のポイントを押さえ、討論できる環境が整えられているならば、お互いの意見の大小の相違点を確認する必要が生じる。このことがきわめて大切である。

　ケースメソッド研修について説明を進めてきたが、討論の実践と留意点等については、別章で解説するとして、最後に、ケースメソッド型研修に参加した者たちが鍛えられるであろう能力を紹介しておこう。

- ケース教材の記述内容と参加者の発言を通して、頭の中に問題状況を生々しく再現する能力
- 「問題解決に欠かせない知識を修得しなければ」という気持ちになり、受け身ではなく自分から進んで身に着けようとする自律的学習能力
- 自分ならどう対処するかを皆で議論することで思考の幅を広げることができる思考力の向上
- 一定の状況下での思考活動や難しい判断、とくに人のもつ価値観や心の機微に触れるような状況下で判断を迫られ、そこで、擬似的に、"もがく"体験をする。

という能力の向上を挙げる。

　この「もがく」過程について、次の点を加えたい。エシックストレーニングにおいて頻繁に扱う倫理的問題は、容易には意思決定を下しがたい、非常に困難な状況に直面することを想定したむずかしい事象を設定するのである。このようなトレーニングを通すことで、不幸にも現実の実務においてそれに近い状況に直面した際の抵抗力、免疫力をつけられるのである。

　また、前述したが、短文のケースを用いるエシックストレーニングを中心としたケースメソッド研修でよく用いられる手法として、シナリオ内容にあえてあいまいさを残した記述をする場合がある。現実の生活においてこのような事態に遭遇した場合には、現実には可能な限り情報の収集に努める。しかし、この高度情報化社会といわれる現在においても、いくら探してもわからないことや、入手できない情報は多々ある。また、たとえ入手できたとしてもすでに昔の情報で陳腐化している。もしくは最新の情報

としても、1分1秒時間が経過し陳腐化は進むのである。つまり、意思決定とは、あいまいさが常に存在する状況で下さなくてはならないものなのである。このような現実の世界のあいまいさを、シナリオ上に表現したものがエシックストレーニングのそれなのである。

　倫理的問題とあいまいさに対する忍耐力を涵養し、拙速な判断や稚拙な行動を未然に防ぎ洞察力を養い、ステークホルダーに対するバランスのとれた意思決定と行動を可能にする研修方法の1つとして本書で紹介したい。

第2章 ケースメソッド研修

　本章ではケースメソッド研修の実践の流れとそのポイントを説明し、実践に必要な準備を説明する。具体的には、ケースメソッド研修によるエシックストレーニングを実践するための準備として、研修規模・参加人数、必要な設備や会場などについてのポイントを紹介する。また、後半ではグループ討論、全体討論、そして、まとめ・解説へと進む際のそれぞれの概要とポイントを説明する。なお、本章では研修の準備と全体の進行を把握してもらう内容を中心とし、ケースリードの詳細および技術的ポイントについては次の第3章に譲る。

表2-1　研修形態の比較表

	ケースメソッド形式	講義形式
参加人数	20〜30名、最大50名程度	1名〜会場次第で何人でも可
参加者の作業	意見交換、グループワーク	聴講
活動の単位・人数	グループ（5, 6名が標準）	個人、1名
講師の役割	ケースリード（討議の活性化など）	弁士、講演者
時間	1ケースにつき80〜90分	1講演60〜90分
主導権	参加者	講演者

はじめに、研修形態によって、その内容の違いを理解していただくため、表2-1としてケースメソッド形式と講義形式の比較表をご覧いただきたい。

2-1 研修規模・参加人数
①参加人数

　ケースメソッド形式の研修会を開催する場合、参加人数が多くなればなるほど、期待される効果を獲得することはむずかしくなる。一般的には、25～30名、多くても50名ほどが最大数と考えたい。100名ほどで実施することもできなくはないが、その効果と労力を考えるとあまりお勧めしない。

　一般的な社内研修の形である講義形式による聴講を主とした研修方法の場合なら、20～50名はもちろんのこと、100名や200名を一度に参加させられる研修会も可能である。また、著名な講師による講演会ともなれば会場さえ手配できれば、何百名の参加者で開催することもできよう。しかし、ケースメソッド形式の討論型研修の場合は、参加者全体を複数名で構成する小グループに分割する。この時に1グループ何人構成とするかで議論の密度は変わってくる。読者の中にも、5人ほどの会議で意見を言う場合と、100人の会議（と言えるのか？）で意見を言う場合では、どちらがより多く意見を言える機会が巡ってくるだろうか。それ以前に、深い意見交換ができるのであろうか。考えずともすぐにご理解いただけると思う。ケースメソッド形式の研修でお勧めするグループ人数は、1つのグループを5～6人である。少なすぎても多様な意見が出てこず、また、多すぎれば議論に参加しない者が出てくるからである。

②参加者の構成内容

次に、必ず確認したいのが、参加するメンバーの年齢や入社年次などの社員情報である。もし、参加者のほとんどが見知らぬ者同士である場合には、ランダムでグループ分けしてしまうのもよい。そもそも知らない者同士なので、自己紹介を通して徐々に人間関係をつくり意見交換を進めていくことができる。

気をつけたいのは、同じ部署の上司や先輩・後輩など、日常的にコミュニケーションをとる人物同士が同じグループである場合や、直属の上司と部下が同じグループにいる場合である。日本企業でよく発生することだが、部下が上司に気を使って、もしくは気になって、本音ベースの意見交換を躊躇する。そうなっては、せっかくの研修機会を無駄にしてしまう。そのような状況は、職場内でのディスカッションの場合は仕方がないが、広く社内の各部署から集まっての研修会の場では極力排除したい。加えて、通常業務で同じ職場で仕事をする者同士は、職場単位でケースメソッド研修を進める段階において頻繁に意見交換することになるので、可能な限り多様な視点や立場を認識する機会をもつ意味からも、別のグループに振り分けるなど留意したい。

③参加者の役割とケースリーダーの役割

ケースメソッド研修を行う場合、基本的には講義式研修のような講演者は必要ない。しかし、次に挙げる役割を担う人々が必要になる。

まず、①討議に参加する参加者、そして、②ケースを巧みにリードするケースリーダーである。

参加人数についてはすでに述べたが、例えば、300人の参加者がいる場合、主催側からの見方として、講義形式なら大きな会議室などを利用して1回参集すれば済むところが、ケースメソッド形式では最大数の50人で

も6回、最も効果的とされる人数の20〜30人の場合、15回から20回も開催する必要が生じるのである。主催側の考え方次第であるが、ケースメソッドは基本的に時間がかかる、手間がかかることを覚悟して準備する必要がある。

　講義形式とケースメソッド形式の研修の参加者は全く異なった作業をしなくてはならない。講義形式では、ただ座り、講師の話を聞きながら、重要な点をメモし理解を深めることのみが作業といえる。しかし、ケースメソッド形式ではケースを読み、自分の意思決定と行動設計を行い、かつ、他の人たちと意見を戦わせて、統一の意思決定と行動設計を導き出さねばならないのである。

　ケースリーダーとは、参加者からの意見を引出し、さまざまな視点に気づかせながら、参加者の意思決定や行動設計などの意見をまとめ上げて教え導く、「司会者」のようなものである。討論の教材である良いケースと、巧みに参加者の意見を引出し、まとめ上げる司会者のようなケースリーダーの両方がそろった時に、非常に示唆に富む意見や意思決定、行動設計が構築されることが多い。ケースリーダーは、ケースディスカッションの際には、参加者が、親しみやすく、本音ベースで意見が言える雰囲気を作り出せるリードを行わなければならない。

　もちろん、今後、組織の中でエシックストレーニングを目的としたケースメソッド研修をそれぞれの職場で「横展開」を試みる場合、百戦錬磨のケースリーダーが絶対に必要というわけではない。フレンドリーに意見交換ができるような環境を作り上げられればよいのである。もし1つだけ欲を言えるならば、参加者と対立する反対の立場からの見方を気づかせてあげられる質問さえ準備できればよい（もちろん、そのような熟達したケースリードができる人材がいるならばそれは素晴らしい）。

④時間配分

　次に、研修会にかける時間の目安である。講義形式の場合、一般的には招聘講師1名あたり1～2時間が多いのではないか。スケジュールの都合で、長くも短くも設定できるのもメリットであろう。

　しかし、ケースメソッド形式を用いて、上記の20～30名の参加者を迎えた場合、ケースシナリオの読み込みと個人の意思決定・行動設計の構築に5分～10分は要する。次にグループディスカッションに20～30分、そして全体ディスカションに同じく20～30分は必要になる。そして、最後のケース解説に10～15分、都合80～90分は欠かせない時間として確保しなくてはならない。また、講義形式とは異なり、ケースメソッド形式では研修会の進行の主導権が参加者にあることを忘れてはいけない。講演者が話をしているのではなく、参加者の発言如何によって、研修の成否が分かれ、また満足度も変わるのである。

2-2　ファシリティ、エクイップメント

　ケースメソッド式研修を進めるにあたっては、必要な特殊な機器設備というものはない。ケース教材と討議の参加者がいればすぐに始められる。会場は、社内の会議室などで十分である。広さも標準的な規模となる25～30名かつ5～6グループが討論をできる広さがあればよい。

　図2-1は前述の大阪ガス株式会社において、筆者が行ったケースメソッド型研修会の会場風景である。

　しかし、正式な社内研修として全社で進める際には、いくつかのポイントがある。

　まず留意していただきたいのは、グループディスカッションを進める際は、あまり形式ばらないほうがよいということである。本音ベースの意見交換を目指すとなれば、緊張しておのずと固い雰囲気になっていくのが一

第 2 章　ケースメソッド研修

図 2-1　ケースメソッド研修会場の設営例

般的である。ましてや、コンプライアンスや倫理というお堅いイメージがある分野の研修会である。そのような状態ではなかなか自分の本当の意見を言うことはハードルが高くなってしまう。なるべく、緊張をほぐし、くつろげる工夫をしたい。例えばテーブルクロスなどは使用せず、逆に自由に飲み物やお菓子などを用意しておいてもよいだろう。筆者が過去に企業の研修でお願いした例では、お茶や、ドーナツ、飴などを用意してもらった。緊張した雰囲気の中では本音ベースの意見交換をすることは困難である。

また、討議が熱くなり長時間に及べば、おのずと集中力も低下してく

表 2-2　筆記用具の使い分け

黒（白）	各グループの発言内容の記録
青（黄）	グループ内での重要な発言やキーワード
赤	全体のグループに対して重要な発言やキーワード（となりそうな内容）

第Ⅰ部　ケースメソッドの手法と実践

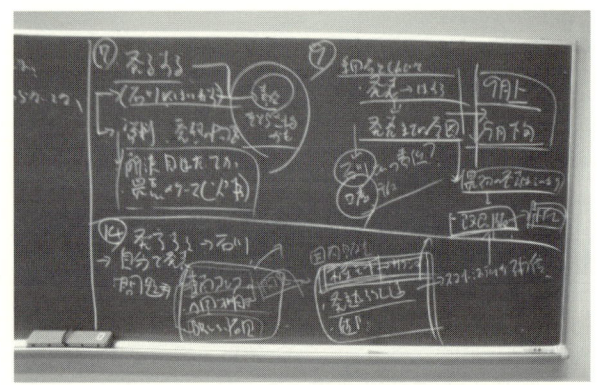

図2-2　ケースメソッド実施時の板書例

る。このようなリフレッシュメントの準備も重要な要素である。用意ができない場合は、参加者に飲み物を入手するように開会前にアナウンスするなどの配慮をすればよい。

　設備に関しては、ケースディスカッションを複数のグループで行う場合、グループ間の全体討論をまとめるための、ホワイトボードを用意したい。枚数は筆者の場合は2〜3枚あると進行しやすいが、1枚でも問題ない。

　次に筆記用具に関して、細かい話であるが、ホワイトボードマーカーは3色以上そろえる。多すぎても使いづらいかもしれないが、黒、青、赤くらいでよい（表2-2参照）。ちなみに筆者は大学の講義において黒板に板書をするケースでは白・黄色・赤に分けて、整理するよう心掛けている。

　ホワイトボードには各グループから出された意見を記述するが、その際にも実は、留意点がある。図2-2を見ていただきたい。

　これは筆者が大学の講義時間中にケースリードを行った際の板書である。殴り書きのような印象を受けるであろう。系統だてて、しっかり板書するというよりも、発言内容の要点をまとめ、キーワード、キーセンテン

スを抽出する「メモ」である。これらは参加者にとっては、これまで出た意見の１つ１つをつなげて新たなアイディアや視点を作り出す一助となる。記録として残すものというよりも、発想を活性化させ、議論の進展を促すための記述として位置づける。

　さらには、討議終了後ケースの解説や、まとめの際に使用するプロジェクターおよびパワーポイントのスライドなどがあれば、より研修効果は一層高まる。

　加えて、会場となる部屋の壁に参加者全員が見ることが可能な時計があればなおよい。特別な意味はなく、各作業の時間的区切りを全員で同一の時計で確認するために必要なもので、一般的な時計計測の役割を期待する。詳細については後段でそれらのポイントを解説しよう。

2-3　ケースメソッド・エシックストレーニングの実践のために

　ここまでの準備を経て、ケースメソッドによるエシックストレーニングを進める事前準備がととのった。しかし、気をつけねばならないのは、初めてケース討論形式の研修に参加した者への対応である。いままでの経営倫理等研修との違いに戸惑うかもしれない。これまでのルール順守を唱える講習形式とは異なるため、いきなりシナリオを読ませ、意見交換しなさいといっても、うまくいかないことは容易に想像できる。

　そこで、一見、逆説的だが、初めてケースメソッド形式の研修会を行う時には、20～30分程度講義形式の説明を行うのが無難であろう。それも、講義の中に実際のエシックストレーニング用のケースシナリオを用いながら、「ケースメソッドとは、エシックストレーニングとは、なるほどこういうものか」と実感してもらう講義内容がお勧めである。この点について筆者の場合、次のような講義構成で最初の理解を深めてもらう。

第Ⅰ部　ケースメソッドの手法と実践

＜冒頭（導入）講義例（概要）＞
① ケース「駐車違反」（第Ⅱ部　「駐車違反」）の読み込みと検討
↓
② ケースについての意思決定伺い
↓
③ 意思決定の理由と同ケースにおける他の人の反応についての説明
↓
④ ケース「駐車違反②」（第Ⅱ部　「駐車違反②」）の読み込み
↓
⑤ ケースの意思決定伺い（他の人のものも含む）と、先のケースとの意思決定の違い
↓
⑥ その考えられる理由の仮説検討
↓
⑦ ケースメソッドの形式の説明（ケース「駐車違反」を引き合いに出しながら）
↓
⑧ ケースメソッドの実践へ

　これらの内容の中で、①については、参加者に5分ほど時間を与え、しっかりと自分の意思決定と理由、行動設計を考えてもらうよう指示し、意思表示をしてもらう。④は、追加された第一段落の部分について説明し、それが加わることで、どのように気持ちに変化がおこるか、挙手などで意思表示してもらうのがよい。このような思考訓練を経ながら、実践的にケースメソッドのケースシナリオについて理解を深めてもらうのである。第Ⅱ部に実際に筆者が研修の冒頭で使用するスライドを掲載しておいたので参考にしてほしい（91頁）。これに加えて第1章で紹介したケーススタディとケースメソッドの違いを説明しておく。参加者はここでも講師の話を聞いているだけではない。実際にケースシナリオを用いて体験してもらい、理解しやすくなるような配慮がここにはある。このスライドでは、第Ⅱ部の2つのケース「駐車違反」を使って理解を深める方法を取っ

ている。

2-4　ケースリーダーによる運営

　いよいよケースメソッド研修を行う場合の全体の流れを説明しておきたい。初めてこの形式の研修を行う場合には、前述の20〜30分ほどの露払い的な説明時間が必要であるが、参加者がすでにケースメソッド討論の経験があるようならば、その部分は端折り、この項で説明する一連の流れを踏襲していただくのがよい。以下に、進行すべき一連の内容を明示しておく。

　　①ケース教材の配布、読み込みと検討
　　　↓
　　②個人レベルでの意思決定と行動設計
　　　↓
　　③グループ討論
　　　↓
　　④全体討論
　　　↓
　　⑤ケース討論の「まとめと顛末」

①ケース教材の配布、読み込みと検討

　ケースメソッド方式の研修にケースシナリオは欠かせない。その研修会のテーマに沿った教材を選定する必要がある。もし、そのテーマに沿ったケース教材がないようであれば新たに作成しなくてはならない。ケース教材の作成の仕方については第4章に譲り、ここではテーマに適った教材がすでに手元に用意できたことを想定して進める。

　ケース教材を当日研修時に配布する場合には、参加者に対してシナリオを読んで、意思決定と行動設計を考えてもらうよう指示をして時間を与える。A4判片面印刷1枚ならば5分で十分であろう。その5分間にケース

の内容の理解、自分がよいとする意思決定とその考えを具現化するための行動設計を考えてもらうのである。

②個人レベルでの意思決定と行動設計

　ケースシナリオを読んだら終わりではない。参加者には読み込みの5分の間に、自分がシナリオの登場人物であればどうするか、を決断するように促す。この時に、とくに留意してほしいのが意思決定をするだけでなく、その意思決定を現実のものとするための行動設計も同時に考えてもらうことである。これは、ケースメソッドの擬似的経験の獲得を支援することでもある。つまり、単に考えて、無責任に「こうする」というのではなく、「こうするため、どのような手段を取るか」ということまでしっかり考え抜いてもらうことが必要なのである。例えば、この分野の事例においては結果のみならず、そこに行きつくまでの過程も反社会的な行為によるものではないということを証明する必要に迫られる。

　例えば、「環境にやさしい商品」であっても、児童労働によってその商品が作られていれば、社会的にどのように評価されるかという点も、ケースメソッドによるエシックストレーニングでは検討の範囲になる。また、現実社会においては、意思決定をすれば、当然そのための行動を起こすわけであるから、無責任に決断をするだけで終わっては、研修効果は半減してしまう。実行可能なあらゆる方法や、あらゆる反対意見へどのように理解を得ようと努力するのかといった説明責任などもしっかり検討しておくように指示をしておく。

　そして最後にグループディスカッションに入る前に、必ず次の2点を、明示してほしい。これを明示するか、しないかで、ケースディスカッション全体の満足が全く変わってくるからである。

　1. シナリオの内容において、あいまいな点やわからない点などは、

これまでの自分の人生の知識や経験、知恵を総動員し、想像力（イマジネーション）を発揮して自ら補足すること。
2. グループ討論の最中、全体討論の際に、リード役が「茶々」をいれたり、参加者の意見に対して「強く反対したり」「大いに賛成したりする」ことがある。その際には、違う視点から考察をもっと深めるための反応と考えてほしいこと。

この2点を説明する必要がある。詳細については第3章で詳しく説明する。

③グループ討論

　ケースメソッド型研修の真骨頂がこの③グループ討論と、次の④全体討論である。いままでになかったケースメソッド型研修という形式が、経営倫理・CSR等の重要性を参加者に理解させやすくする。わかりやすく言い換えれば、聴講のみで終わる講義式よりも、意見交換を必須とする討議式研修の方が、参加者の研修を受けたことに対する満足度を高くしやすいのである。

　これは、グループ内のメンバーでお互いに自分の意見を説明し、理解してもらえるように人に話し、人の意見も同様にしっかりと聞く。お互いの考え方や、価値観を認め合い、その相違点と共通点のすり合わせを行ってグループ内の参加者が等しく納得できるように討論を進め、お互いを認め合うことから満足度が高まると考えられる。自分の意見をいうこと、人の意見を聞くことは、裏返せば、自分の意見を聞いてもらえる、他人の意見を聞いてあげるというお互いを認め合うコミュニケーションである。自分を認めてもらえ、他の人を認めることにもつながって、満足度も高めやすくなる。

第Ⅰ部　ケースメソッドの手法と実践

　第1章で述べたように、多くの企業において、この分野の研修を講義式から討議式に切り替えている理由の1つがここにある。詳細は後段に譲るが、グループ討論の具体的進行の枠組みを簡単に紹介しておこう。個人ベースでの読み込み終了後、グループ単位で以下のことを進めるように促す。

　　・グループメンバーが初対面である場合は、メンバーで簡単な自己紹介をする。
　　・司会役1名と書記役1名を選出する。
　　・グループメンバーの話し合いによって、グループ内で統一の意思決定とそれを実現する行動設計を構築する。
　　・話し合いの際には、すべてのグループメンバーが自分の意思決定と行動設計を自分の口で説明する。

　以上4点をディスカッションの際の留意点として、必ず明示する。これらを踏まえて構築された意思決定と行動設計は、そのグループ内のメンバー間ですり合わせられることで、お互いの納得性が高い意思決定・行動設計として認識される。
　グループディスカッションにかける時間は、20〜25分程度が好ましい。あまり短すぎるとグループ内の意見がまとまらない。長すぎても冗長になるだけで時間の無駄である。1グループ4〜5人ならば、一人平均5分前後の持ち時間がある。より具体的なテクニカルポイントについては第3章で紹介する。

④全体討論
　グループ討論を経て、いよいよ全体討論へ入る。全体討論といっても、参加者一人ひとりに意見を求めるのではない。本書ではグループディス

カッションでの意思決定と行動設計を踏まえて、グループ単位で意見交換を進めていく形式である。欧米のケース討論は個人ベースで進行し、意見のある者に積極的に挙手をさせ意見を聞くことが多いようだ。しかし、ご存知の通り、我が国では、大勢の前で個人意見をいうことに抵抗を感じる人が多い。個人の倫理観や価値観を他人に話す機会があまりない日本の人々にとって、いきなり個人の意見、それも善悪の価値観を大勢の他人の前で話せというのはきわめて敷居が高い要求に感じることであろう。個々に意見を聞くよりもグループとしてまとめた意見という形で意思決定と行動設計を話してもらうほうが討論を進行させやすい。

　欧米式に固執せず、我々になじみやすい方法で進める方法を選択したほうが、この研修を定着させるためには遠回りのようであるが実は近道である。グループでの討論を通して形成された意思決定をグループ全員の意見として発表し、全体討論の俎上に載せる方が結局は全体の進行が容易になるのである。技術的なことについては、次の第3章にて詳しく説明する。

　次にケースリーダーの基本的な役割と全体の流れを記しておこう。グループ討論では、司会役と書記役をグループ内で選出した。全体討論ではその司会役と書記役をケースリーダーが務めることになる。グループ単位での意見をまとめ、交通整理役を担うのである。全体討論に充てる時間は、グループ討論とほぼ同じ20～30分に留める。これは、全体の研修人数によって多少変わることがありうる。ここで迷うのは、すべてのグループに発表をしてもらうことが必要かという点であろう。この点については、可能であれば全グループ発表としたい。しかし、限られた時間と議論の流れによっては、全グループ発表にこだわる必要はない。第3章で具体的方法は記述するが、全体討論の中で、なにかしらの意見をグループごとに発表してもらう機会は、技術的にいくらでも作ることができるのである。それを前提として、ケースリーダーのリードの下で、研修参加者全体

で議論を進めるのである。グループ討論時にも共通することであるが、ケースリーダーはこの時に次の2点に専念したい。
  ・参加者の思考と議論活性化の<u>手伝い</u>
  ・参加者の議論の整理やまとめの<u>手伝い</u>

　また、これまでの議論にはなかった新たな視点や、より一層留意してほしい点、気づいてほしい点などを俎上に載せるための工夫も必要である。この点については第3章で具体的方法を記述する。
　上記2点の文末の「手伝い」に下線を引いたのは、ケースメソッドは、参加者が主役である。ケースリーダーは、参加者に活発な討論を行ってもらうために、多角的な検討視点や見えにくい重要点にどのように気づいてもらうかなどの、討論の効果を最大限に伸ばすことを考え、それを実践することに全力を尽くすことを目標とする。ケースリーダーが主役となって、リーダーの独善的意見でケースの正解を決定することは、ケースメソッド研修の失敗を意味する。そのようなことはあってはいけないのである。

⑤ケース討論の「まとめと顛末」
　全体討論の終了後、参加者たちが検討したケース教材についての、討論のポイントの紹介と、そのまとめ、そして、事象の顛末などの紹介を行う。とくに以下に挙げた3点について留意しながら解説を進めたい。
  ・第1に、教材を検討することによって議論されるであろう問題点、議論の際に重要な事項として挙げられるであろうポイントを確認する。
  ・第2に、もし使用したケース教材が現実に発生した事象（事件、問題、課題などを含む）であればその顛末を紹介する。ここでは新聞

などの公共の報道を集積した情報を知らせることを目指す。決して、顛末についてリーダー個人が自分の価値観で評価し、それを参加者に正解や望ましい対応として紹介するようなことをしてはならない。
- 第3にここで気をつけなくてはいけないのは、<u>正解ではない</u>ということ。つまり、その現実の事象に対する対応が、善い行いであるとは限らないことをしっかり確認してもらうことが必要である。

第2点目の繰り返しになるが、これらのその現実の対応の評価について、ケースリーダーが独善的に評価することも避けなくてはいけない。この詳しい理由については、次の第3章で詳細に説明したい。

2-5 まとめ

ケースメソッド研修の準備とその流れをこの章で説明してきたが、さらに用意しておいた方がよいものとして、「アンケート調査用紙」を挙げておきたい。当然、企業などで行う場合、研修効果を測定する必要があるので用意するであろう。しかし、これまでと勝手が違う形式の研修形式であるから、講師もしくはケースリード役の話が理解できたかという尺度だけでは効果が図れない。ほかにも、ケースメソッドは研修を受けた人物が、ケース教材を職場に持ち帰り、ケースリーダー役を行うことになる可能性がある。その際に、効果的なリードを行うためにどうしたらいいか、ケース教材の作成方法は、などの多くの疑問や不安を抱える。そのような場合のサポート体制の必要性や、その内容などもアンケート調査を通して収集する。そのための準備もしっかり行っておきたい。最後に例を紹介しておこう。第1章で紹介した大阪ガス株式会社の研修後のアンケート調査項目である（第1章の4つの設問に2つ追加している）。

- 講師の話は理解できたか（4段階評価）
- 受講後の満足度はどうか（4段階評価）
- 勉強会の内容はケースメソッド研修を理解するのに役立ったと思うか（4段階表）
- ケースメソッド研修を自組織の研修に導入したいと思うか（4段階評価）
- 前述で、なぜ導入したいと思ったか（記述）
- 勉強会の内容について感想を記入（記述）

　これらの項目に加えて、もちろん所属や職名などの情報も記述できるようにしておくべきであろう。また、自由意見を記載できるように工夫している。なお、大阪ガス株式会社はケースメソッドの全社導入を進めているため、自由意見には、その推進のための何かしらのサポートを専門担当部署に求める記述などが記載されている。アンケート調査表を作成する際の参考としていただきたい。

第 3 章

ケースの導き方について：エシックストレーニングの実践

　この章では、ケースメソッド研修の一方の要となるケースリードについて説明していく。とくに、ケースのリードをいかに進めていくのかを中心に据え、エシックストレーニングを前提とした研修準備から全体討論終了後のケース解説までを説明する。また、すべてのケースに共通する導き方のポイントも詳しく解説する。エシックストレーニングでよく用いられるジレンマ問題、線引き問題を扱う際のそれぞれケースリードの相違点や留意点も併せて取り上げる。

　ケースメソッドの討議を行う際の準備には2つの側面がある。1つは参加者に準備してもらうべきこと、もう1つは、ケースリーダー自身が準備すべきことである。

　参加者の準備は、ケースメソッド研修に参加し討論する人たちが、討論を円滑に進めるために事前に行っておくべきことや、知っておくほうがよいことである。その内容は知識として把握しておくことと、できれば将来顕在化させたい能力を念頭にその演習を進めることである。

　2つ目のケースリーダーの準備は、ケースディスカッションを実践するために用意をしておくべき事柄や、研修の実践により、参加者が期待通り

の効果を得てもらうために、事前にすべきことである。まずは参加者が準備すべき事柄、つまり、研修主催側が参加者に事前にしておいてほしい事柄について説明していく。

3-1 参加者の準備について

　まず、研修参加者に研修の事前に行っておいてほしい、知っておいてもらいたい内容から詳しく説明しよう。もっとも大切なのは、「この研修で行うケースメソッドとは、どういうものか」を参加者に理解してもらうことである。これまでの研修会にはない新たな形式であるから、これまでの研修のイメージのような、講師の話を聞いて知識を得る講義形式とは違うことを理解してもらう。さらに他の参加者との意見交換を行うことで、参加者に何を得てもらいたいのか、主催者が参加者に何を期待しているかを伝える必要がある。

　具体的には、
　　①ケースメソッドとは何かという簡単な説明
　　②なぜケースメソッドのような「討議式」研修をするのか
　　③どのような研修効果を期待するのか
　　④一人ひとりの参加者に何を期待するか
が挙げられよう。

　加えて、大学などの教育機関でいうところの予習に相当する「事前作業」に協力してもらえるように説明もしておく。研修会の案内状に上記①〜④を簡単に記述しておくことや、研修開会時の趣旨説明の際には、これらの4点に言及しておくのがよい。とくに、開会時の趣旨説明では、いままでの講話形式との相違点をわかりやすく説明し、なぜいま討議形式なのか、について具体的な内容を説明しておく。

　例として、ある企業がケースメソッド研修を行うことにした理由を簡単

第3章　ケースの導き方について：エシックストレーニングの実践

に紹介すると、いままでコンプライアンス研修と称し、著名な外部講師を迎えた講演会を開催していた。しかし、社内では大きな問題とならずに済んだものの、そのまま見過ごせないような事象が未だに発生している。組織のメンバー一人ひとりが自分で考え、理解できる研修方法が必要であると判断してケースメソッド研修を導入したのである。このことを研修の際に必ず参加者に丁寧に説明し、その浸透と理解を図るのである。

　また、事前の説明段階では、前述の内容に併せて、すべての参加者が発言をして意見交換をすることを明らかにしておくことも必要である。これは、研修時間中には参加者は必ず自分の意見を発する機会があることを理解させ、参加者に心の準備をしっかりと行わせることにもなる。また、参加者に対して自発的な積極的研修参加の姿勢を生み出すことにつながるからである。

　参加者への2つ目の準備は、使用するケースシナリオの事前の読み込みである。これによって、個人の意思決定と行動設計をあらかじめ決めたうえで参加してもらうのである。しかし、これは本書においては、緩やかな要請に留めて、必ずしなくてはいけないものとしては位置づけない。そもそもシナリオの事前読み込みは、研修当日使用するシナリオのケース教材を検討して、研修の開始時にすぐに意見交換を始められるように準備することが目的である。しかし、一方で必ず事前にケースの読み込みをしてこなければいけないとなれば、日々の業務で多忙な参加者には負担感は大きい。そのようなハードルを低くするために、本書では短編シナリオを用いた倫理研修の形式、「エシックストレーニング」を推奨している。第Ⅱ部掲載のシナリオをご覧いただきたい。これならば事前にケースを配布する場合でも読み込み時間がかからない。また研修当日配布としても、読み込みに時間がかからないので問題ない。長文ケースの場合は、参加者が読んでこなければその時点で研修が成立しなくなってしまうことを思えば、短

編シナリオを使用するエシックストレーニングのメリットは大きいといえよう。本書で短文のケースを推奨しているのはこの点を高く評価するからである。

3-2　ケースリーダー自身の準備

　ケースメソッド研修の成功は、良質のケースとケースリーダーの手腕にかかっているといわれる。たしかに、ジレンマを感じるような、もしくはグレーゾーンといわれるどこからがよくてどこからがそうではないのかというような事象を専門家のように扱うのはむずかしいかもしれない。もちろん、専門家のように対応できるならばそれで問題ない。ケースリードも、プロに任せれば一定の成果を1回の研修会で得ることはできよう。しかし、それでは組織に浸透した、だれもがケースメソッドによるエシックストレーニングができるような風土は構築できない。専門家のような成果が十分には得られなくても、だれもが一定の効果を得られるケースリードが実現できれば、あとは繰り返しケースメソッドによるエシックストレーニングを行うことを目指せばよい。著者は1回のケース研修よりも自らの手による継続的なケース研修こそが重要と考える。本書ではこのようなケースリーダーに求められる技能・手法をだれもが繰り返し実践しうるレベルを理解し取得することを目標に執筆する。つまり、プロではないかもしれないが、だれもが職場でケースメソッドによるエシックストレーニングを進めることができ、一定の研修効果を得られるようなケースリードの在り方を紹介していく。

　以下では、次のケースリードの準備および手順を詳しく述べていこう。

1. 研修参加者についての情報確認
2. ケース教材の選択
3. グループ分け

4. 研修でのリード

3-3　研修参加者についての情報確認

　ケースリーダーはケース教材を選択することから始める。言うまでもなく、この選択が研修の効果を決定づける。そのためにも表3-1に示した諸点を確実に事前に確認しておくことが肝要である。各項について、順次詳解していく。

・項目a)　　例えば、各部署の経営倫理等推進責任者・担当者、もしくは管理職、新入社員、グループ企業社員などの情報を確認する。当然、経営倫理等推進責任者であれば、複雑なケース教材でも問題ないであろう。また新入社員であれば、判断が困難なケースよりも、まずは入社した自分の会社のルールをしっかり理解させるケース教材を選ぶようにするという具合である。
・項目b)　　参加者をグループ分けする際の参考として活用する情報である。参加総人数はグループ分け、総グループ数の決定に影響する。性別の割合も重要である。同じケースでも男性のみ、もしくは女性のみの場合と混合の場合ではまとまる意見や考え出される行動案が異なってく

表3-1　ケースリーダーが事前にチェックすべき項目

チェック項目	チェック内容
a) 研修に参加する人は、どのような人か？	管理職？推進者？グループ企業社員？
b) 参加者の構成は？　人数は？	性別？年齢？入社年次？何名？
c) 今回のテーマ、研修の目標は何か？	ケース経験はある？
d) 討論にかけられる時間は？	30分？1時間？1ケース？2ケース？　など

ることが多い。このことは、後述するケースリードにも少なからず影響が出る。また、年齢や入社年次は、縦割・年功序列的風土を強くもつ企業ではとくに留意したい。ベテラン社員の中の若年社員は本音の議論ができなくなるリスクが高まるからである。

・項目 c)　　この中でもとくに気をつけたい。エシックストレーニングに限らず、ケースメソッド形式の研修や大学等での授業を過去に受講したことがあるか、また、もし経験した参加者がいるならば、その割合は参加者全体のどれくらいか、をあらかじめ把握しておく必要がある。経験者向けの研修であったとしても、業務の都合で初めて参加したという人もいる可能性がある。その割合が多ければ、ケースディスカッションに入る前に5〜10分ほど時間を割いてケースメソッドの説明をすべきであるし、1、2名であればベテラングループに入れるという手もある。

・項目 d)　　いわゆる「研修スケジュール」である。前章で示した通り1ケース検討するのにおおよそ1時間かかるので、項目a)〜c)の情報も併せて検討したうえで難易度を設定する。いくつケース討論を行うのか、などを決定していくのである。なお、別章で紹介する簡易的方法では、20〜45分ほどに短縮する方法もある。この紹介は後に譲る。

3-4　ケースの選択

表3-1の4つの項目を十分に検討したうえで、研修で用いるケースを選択する。例えば、初心者にケースメソッドとはどういうものかを体験してもらう研修会なら、問題の所在が明確で争点がはっきりとする2択的なケースを選ぶべきであるし、CSR、コンプライアンスなどの経営倫理推進責任者対象の研修会なら、自社で課題となっている実際に起こった事象などを翻案としたケース教材などが望ましい。

研修会で使用するケースを決定したら、その選択したケースについて、

第3章　ケースの導き方について：エシックストレーニングの実践

次の情報確認をしておく必要がある。
　・ケースに設定された「論点」を確認し、必要ならばその関連情報についてさらに詳細な情報を収集する。これはケース研修の際に想定される討論の方向を可能な限り事前に把握しておくためでもある。
　・ケースの解説資料、過去に使用した際の意見記述、規則や法改正情報を収集すること。

　これらの情報を確認することによってある程度、討論において発話される内容が想定できる。

　とくに、過去にどのような意見が討議されたか見直しておくことは重要である。過去に今回使用することにしたケースが研修で使用されていた場合は、過去にそのケースを討議した記録が残っているはずである。その蓄積に目を通すことで、ある程度の討議の内容が事前に想定できる。また、ケース作成時の資料が残してあるような場合や、その教材のベースとなった出来事が実際に生じた事象であるならば、その後の経過も調べておくことを推奨する。事前確認しておきたい事項を表3-2に簡潔にまとめておく。

　これらの項目は同時に全体討論後の解説・まとめの内容とほぼ同一となるので、説明用の資料やスライドなども併せて確認をしておくとよい。

　さて、適したケース教材がない場合にはどうするか。このような場合は新たにケース教材を作成することをお勧めする。できれば、常に新たな

表3-2　ケース選択後のケースリード実践前確認事項
・ケースの「検討されるべき論点、過去の意見録」などを確認
・理論的フレームワークが適用できるならば、その理論の確認
・実際に起きた事象であれば、現実に起こった顛末の確認
・その事象やケース教材に適用される法令、社内ルール、専門的知見の確認

ケース教材を作成できるように、アンテナを張り巡らし、社内事象や情報収集などができる環境を整えておきたい。それらを活用したケース教材の作成方法と手順等については第4章で説明する。

3-5　グループ分け

　次にしっかり考慮しておきたいのはグループ分けである。参加人数を、1グループ5ないし6名に分割する。1グループがこれよりも多くなってはいけない。グループ内の発言の機会を考えた時に、人数は大きな考慮すべき要素になる。多すぎること、少なすぎることは避けたい。7名以上になると、一人ひとりに十分な発言機会が与えられない。これは、先にものべたように、日本人は議論をする場合でも自分の意見を積極的に話すことは多くない。ましてや、自分の正義感や善悪の判断を他人に明らかにする機会は皆無に等しいであろう。そのような環境下で討論による研修を進めるわけであるから、まずは、適度な発言をする機会を全員がもてる人数に分割するのである。一方で、少なすぎる人数、具体的には3名以下も避けねばならない。「3人寄れば文殊の知恵」とはいうものの、広い視野、価値観、経験、見識を通して、ケースを検討し尽くせるか、という点において偏りが出やすい。意見が分かれた時に、1対2になり、1名の意見は孤軍奮闘で、その意見を支援するような違った見解が出てこない。これは研修の効果という点からみても避けたい理由になろう。

　次に、入社年次、年齢を確認する。この点は分け方に複数の考え方がある。例えば、

- 入社年次や年齢が近いものを同じグループに分けていく方法
- 同じグループ内には同じ年齢、年次のものは極力置かずに、多種多彩なメンバーになるように分割する方法

などである。グループディスカッションで何を狙うか、でこのどちらにす

第3章　ケースの導き方について：エシックストレーニングの実践

るかが変わる。

　年齢、入社年次が近いグループ分けは、同期入社が同じグループにいたり、生まれ育った時代が同じなど経験やその背景について同質性が強いので、グループ討論においては話をしやすく意見交換が進みやすい。

　しかし、その同質性の高さから同じような視座、価値観に立脚した意思決定、行動設計になりやすい。この点を全体討論でフォローしていくことがケースリーダーに求められる。一方、多種多彩なメンバーをグループにそろえることはグループ討論を経て、統一の意思決定、行動設計の構築に産みの苦しみを与える。グループ討論の時間内にうまくまとめ上げられるような人物や、ケースメソッドによるエシックストレーニングを過去に経験した参加者がどれぐらいいるかなどを留意したうえで、このグループ分けを選択したい。しかし、ケースメソッドによるエシックストレーニングの本来の目指すところを考えれば、将来的にはこの多種多彩なメンバーを擁するグループ分けを目指したい。

　また、所属部署が同じ参加者が多数いる場合もある。参加人数が多いことは喜ばしい。だが、同じ部署の参加者が同じグループ内にいる場合は、すでにその人々の人間関係が出来上がっており、上下関係や、本音を言えないと感じるものもいるかもしれない。そのようなことを排除するために、同じ所属部署の参加者は異なるグループに分ける。

　最後に、性別である。男性女性の比率が極端にどちらかに偏っている場合、少ないほうの性の意見はきわめて重要である。とくに管理職を対象とした研修では、女性の比率が低くなる。ケースリードの際に工夫をしたい。女性が少ない場合、グループ分けの際に、なるべく各グループに1名女性がいるようにするか、5名以上女性の参加者がいる場合には、あえて女性で1グループ成立させることもできよう。前者の場合は各グループで女性が少数意見になるので各グループでの意見交換の際には、その女性参

41

加者の意見がどのように扱われるかをグループの討議結果に託すことになる。一方、女性を1つのグループに集める場合は、全体討論の際に、そのグループ独特の意見や意思決定、行動設計が出てくる可能性を担保できる。そのため、全体討論では多角的な意見交換を実現しやすい。ただし、同時にそのグループだけ孤立する形で全体討論が進む可能性もあるので、ケースリードの際に十分配慮しなければならない。

　このような点を注意しながら、どのようなグループ分けがもっとも今回の研修を効果的なものにできるかを考え決めていきたい。25〜30名の参加者であれば、5〜6グループになる。30名ほどの際にどちらにするかは会場環境や上記の参加者情報を勘案して決めるのがよい。

3-6　研修でのリード：その流れとポイント

　ケースメソッドによるエシックストレーニング実施の準備が整ったならば、いよいよ研修の実践である。ここからはケースリードの実践とその実際について、詳しく説明を進めていく。とくに、本章では、第2章の内容を踏まえ、参加者がグループディスカッションしている間にケースリーダーは何をするのか、全体討論の際に留意する点はなにか、という点に焦点をあてる。大きな流れを以下に再掲し、これに沿って説明をしていく。

　　①ケースの配布と読み込み：「個人の意思決定・行動設計」の構築　⇒　①′グループ討論への移行タイミング　⇒　②グループ討論　⇒　③全体討論（基本的対応と技術的ポイント）　⇒　④「まとめと解説」について

①ケースの配布と読み込み：「個人の意思決定・行動設計」の構築
　ケース研修の準備の際に選択、もしくは作成した教材を参加者全員に配布する。A4判片面程度の文章量であれば5分でよいであろう。参加者全

第3章　ケースの導き方について：エシックストレーニングの実践

体にケースがいきわたったかを必ず確認してから次のように指示をする。

「今から5分お時間を差し上げます。お渡ししたシナリオを読んで、ご自分の意思決定と、それを実現する行動設計を考え決めてください」

言うまでもなく、参加者の個人の意思決定を構築してもらうわけである。この時にリード役は、次の点に留意しながら研修会場を廻るようにしたい。
　・5分間を計る
　・参加者がシナリオをどの程度読み進めているのか、読み込み段階なのか、思考（人によっては記述）段階に入ったか、を観察する。

参加者の典型的な反応を示しておくと、ケースの読み込み段階では主に以下のような反応をする方が多い。
　・下を向いて動かない。
　・蛍光ペンなどをもち、線を引きながら読んでいる
　・紙を片手にもち、下を向きがちに目で追っている

また、思考段階では、
　・腕組みをして、黙想
　・余白にメモ
　・手を動かして、自分でポイントを抜きだしている
など、人によってスタイルは異なるが、視線が下から外れた時、顔があがった時には、まずはひととおり読み終えたと考えてよいであろう。つまり、注目すべきは参加者の視線およびペンの走らせ方などである。自分が文章を読んでいる時に、物事の試行段階にある時にどのような姿勢をして

いるかなどを改めて考えてみればよくわかる。

① ′ グループ討論への移行タイミング
　5分経過した頃に、ほとんどの人が思考段階にあれば次のステップであるグループ討論に入っていく。参加者たちの意思決定や行動設計がまだ出来上がっていなくても問題ない。そもそも5分考えてすぐに決断できるケースには作っていないということもある。個人の意見、もしくは大まかな意思決定の方向性が参加者に見えていればグループ討論に移行してよい。参加者は個人の考察の範疇では見えない視点を、グループ討論を通して獲得することの方が多いからである。
　ただし、次の2点を必ず確認してから、グループ討論へ移行する。
　　・グループメンバー間の自己紹介が必要かどうか
　　・司会役、書記役を決めること

　もし、上記2点を確認したのちに、その両方が必要である（とくに自己紹介）と判断した場合には、討論のエンジンがかかるのを助けてあげる工夫が必要かもしれない。いきなり討論してくださいといっても、名前も知らない者同士が本音で語るのはむずかしい。そこで筆者が行っているいわゆるアイスブレイキングの方法を参考に紹介しておく。
　実際に以下のように発話をして、自然と会話をしなくてはならない環境を作り出す。

「では、司会役さんと書記役さんを決めてもらうために、自分の携帯電話番号、全部足して、もっとも数字が大きくなった人が司会役、次に大きかった方は書記役をお願いします」

こうすることで、自分の番号を計算した結果をお互いに伝え合うことになる。それによって、「私が司会だ」「セーフだった、あぶなかった」などの感情のやりとりも行われ始めて、場があたたまり始める。

アイスブレイクの詳細はそれらの専門書に譲るが、筆者がよく使う他の方法も記しておく。
- ・誕生日が次に来る人（これは誕生した年は含まない。月日のみ）
- ・今日一番遠く（近く）から来た人
- ・郵便番号を足してもっとも数字が大きい人

などの「だれもがほとんどの場合所有する、活用するような条件」を考えておくとよい。

②グループ討論

司会役、書記役決定後にグループが意見交換を始める。この時点からグループ討論時間を計測し始めるのがよいであろう。第2章でも述べたように20分経過後の時刻をグループ討論終了の目安時間として設定し、全員に伝える。ホワイトボードなどに討論終了時刻を明記しておくのがよい。

また、意見交換の際に、
- ・必ず全員が一度は自分の意見を話すこと（導入でも触れたことを話す）。
- ・司会役は、参加者が必ず意見をいえるように配慮する。
- ・参加者も自分で意見をいう姿勢を前に出す。

そのうえで「グループで統一の意思決定と行動設計を話し合いで作ってください」と話す。

＜討論時間前半＞

討論時間の前半では、それぞれのグループの討論状況を見守る。討論開

始当初は、見回りながら各グループで発話され始めているか、グループ内は意見のいいやすい雰囲気かなどの点に留意する。順調に各グループで話が進み始めたなら、そのまま意見交換が順調に運ぶように配慮をする。

　この時に、討論の進展状況、および討論内容をおおよそ把握するように努めておきたい。そのために、各グループの書記役に注目しておくとグループ内での討議の進行度合いを把握しやすい。書記役が書き留めたグループメンバーの意見要約を見回りながら確認することによって、何人が自分の意見を述べたかがおおよそわかる。また、その記述内容についても読むことができればなおよい。しかしながら、この段階ではグループ討論を中断させて、記述内容を確認することは控えたい。まだ、全員が意見をいっていない可能性があるからである。それを補う方法として、討論の内容を見回りながら聴く（聞くではない）方法がある。グループでの意見交換が進む様子を聴くことによって、そのグループの意見がどのようにまとまっていくかを見届けられるのである。もちろん、1つの特定のグループの横にずっと立ち止まっているわけにはいかない。グループ討論終了後の全体討論のためには、極力すべてのグループがどのような意思決定、どのような統一の行動設計になるかおおよそ把握しておきたいからである。

＜討論時間後半＞

　そこで、討論時間後半に想起される、次に挙げる状態のグループに言葉をかけてみる。

　　・グループの意見交換がとまり、沈黙状態
　　・書記役の書く手が止まっている
　　・書記役が記述を止め、自分以外の人物に対して意見をいっている

　このような状況にある場合、討論が一定の状況でほぼ固まった可能性が

高い。気をつけたいのは決したのか、膠着状態でまだ意見の統一の途中にあるのか、なにかしらの別の問題を抱えているのかなどの状況の判断である。このような状況にあるグループには、

「どうですか？　どうするか決まりましたか？」

と声をかける。

　決まっていれば、たいていの場合「はい、このようになりました」などとグループでの方針を教えてくれる。これによって、グループ内の意見や、その経過を全体討論の事前に知ることができる。また、意見統一を見ていないグループならば「いや、厳しいですね」「まだです」などという回答がある。その場合には「そうですよね」「なるほど」「それは悩みますよね」などと返答しておく。気をつけたいのは、これらの問題に一定の回答を与えるようなことはいわないようにすること。これはケースディスカッション研修の本来の目的を台無しにすることになるからである。このような困難さを体験させ活路を見出させることこそ本研修の目的のひとつでもある。表3-3にグループディスカッションで意見を聴く時のポイントをまとめた。

　表3-3の内容を参考にして、グループ討論時間残り5分までに、いくつかのグループのおおよその方針が把握できていれば、大変すばらしい状況

表3-3　当該グループの意見方針を聴く際のポイント

- 頭の中でケースのポイント（ジレンマ、線引きが必要な点など含む）と照合する
- 全体討論では、どのような意思決定になり、行動設計になっていくか
- 検討が浅い、重大な見落としがないか、ある場合には、ケース事象を通して質問する
- 状況確認の質問の際も、相手が話しやすい雰囲気を作り出すような心掛けが必要である

である。全体討論によい形で入っていけるであろう。欲をいえば3つのグループの意思決定は押さえておきたい。またその3つのグループのうちの2つが、相反する意思決定をしているならば非常に興味深い討論へと進めるであろう。仮に、意思決定が同じ方向を向いているグループがほとんどだったとしても、全体討論の中で、異なる意見をもったグループが出る可能性もあるし、より詳細な状況判断と推察を重ねて結論づけていく行動設計の段階では、全く同じ方法をとる計画が出てくることはほとんどありえない。そのような違いをグループ討論の中でも押さえていければよい。

＜討論時間残り5分＞
　グループディスカッションが大詰めを迎えるこの時間、グループの動きが2分する。おおむね方針が決まっているグループは、話の内容が雑感的な内容になり、雑談などが発せられるようになる。一方で納得いく方針、行動設計が形作られていないグループは熱い討論がさらに過熱してくる。どちらのグループの割合が多いか判断したうえで次のように発言をする。

・多くのグループがひと段落した雰囲気である場合
　「まもなく（あと5分で）お約束の時間になります。行動設計などお決まりでないようでしたらお急ぎください」
・多くのグループが白熱した議論を進めている場合
　「なかなか方針が決まらないようにお見受けいたしますので、あと5分だけお時間を延長いたしましょう」

　もちろん、延長すべきか判断しかねる場合もある。そのような時は悩まずに、次のように伝える。

「お約束の時間はあと5分になりました。司会役の方にお伺いいたします。もうすこし時間がほしいという方、お手をお挙げいただけますでしょうか？」

・手を挙げたグループが1つでもあった場合
「ではあと5分だけ延長いたしましょう。これ以上は伸ばせませんのでしっかり頑張ってください」

手を挙げるグループがなければ当初の時間通りの終了を確認し時刻まで討論を続ける。

ここでの延長の見極めの目安としては、各グループが大筋で意思決定の方向性が決まり、行動設計の構築に入っているならば最低限問題ないといえる。これは意思決定の方向性さえ決まっていれば、行動設計は結果的に細部が決まっていなくても全体討論の中で構築されていくからである。

さて、残り5分でいよいよ全体討論へ入るが、この5分で次のことを確認しておきたい。

　　・ホワイトボードの確認
　　　例）表裏面使用可能か？　出てくるであろう意見の板書スペースの見立て
　　・マーカーの確認
　　　例）黒、赤、青の3色は用意したい
　　・全体討論を終える目安となる時刻を確認（全員に告げる必要はない）
　　　例）20～25分後が妥当

この3つを確認し、すべて問題ないならば全体討論を開始する旨、参加者に聞こえるように大きな声で伝え、話声がやむのを待つ。

「では、時間になりました。全体討論を始めましょう！」

③全体討論

　全体討論という表記を使用しているが、厳密に表現すれば「グループ間討論」になる。

　あくまで、グループ単位での活動という点を崩さない。当然、グループで意思決定と行動設計を構築したからであるが、加えて、グループディスカッションで醸成した発言しやすい雰囲気を、そのまま全体討論にも継続させたいという狙いがある。このため全体討論では「グループの発表」という表現を使っている。グループディスカッションを終え、各グループの話し声が止んだら次のように切り出す。

「どこかのグループで、うちのグループはこうするよ、とお話しいただけるところはありませんでしょうか？（一拍おいて）ハイ！（同時に高らかに手を挙げる動作を行う）」

　日本企業を対象とした場合、とくに初めてこの研修形式を実施、体験している場合には、この段階で参加者から手がすぐに挙がることは少ない。この謙虚さという点は日本人の美徳のひとつであるが、討論型のこの研修の場合には越えなければいけないハードルのひとつになる。もちろん、このような場合の特効薬はないが、いろいろな工夫をすることでそのハードルは越えやすくなる。最初に手を挙げてもらうために筆者がとる方法を紹介しよう。まず、前述のように一度手を挙げてもらうように促した後に手が挙がらない場合、次のような投げかけを敢えてする。

「今日は、ずいぶんと紳士、淑女のみなさまがたがお揃いでいらっしゃ

いますね」
　「いいですか、みなさん、空気を読んでくださいね！　空気！　くれぐれもよろしくお願いします」

　などと、努めて明るく、おどけて話を切り出すようにしている。全体討論に入るとやはり多くの人々の前で、発表することがプレッシャーになる。そのため、なかなか挙手できる雰囲気が出来上がらない。そこで、手を挙げていただくことがとても求められているので協力をお願いしますというメッセージを暗に送るのである。
　ごくまれに三度目が必要になることもあるが、大抵の場合、この２回目の時点で協力して手を挙げてくださることがほとんどである。

＜グループからの発表・発言＞
　手が上がったら、そのグループの意見を聞く。その際に、筆者の場合は、発言者の方にはその場で立ってもらい、可能ならばマイクを使って、説明をしてもらう。とくに発表用の紙に書いてもらうことはしない。しかし、書記の作成した発言記録等を見ながら説明をしてもらうようにしている。また、発言のさなかであっても、必要があれば同じグループメンバーとの相談や助言、他のメンバーへの発言者の交代なども自由にしてもらう。
　しかし、ここまで促しても手を挙げない場合もあるかもしれない。その場合にはじゃんけんや、携帯電話の番号を足すなどの、司会役・書記役を決めた時のような仕掛けを考えておく。

＜発言者が決まったら＞
　全体討論開始後に最初の発言者が決定したら、グループ討論で話し合われた内容について発表してもらう。ここでは「統一の意思決定」としてど

のような内容になるのかを問う。また、その意思決定を具現化するための方法が、「統一の行動設計」を通して説明される。

つまり、「統一の意思決定」は当然なんらかの方向性をこの時点で決定したということを示す。それに向かってどうしていくかを検討し、あらゆる可能性を考慮しながらプランを練ることが「行動設計」となる。

意見を聞く際に大切なポイントを次に記す。
- 発表者が話している間、はっきりとうなずき、もしくは相槌を入れて傾聴する。
- あいまいな表現や抽象的な言葉で話されている場合は、それを明確にするような確認のための質問をする。
- 話し手がやや混乱し、話の内容が錯綜したり、まとまらなくなっている時は、代わりにまとめる。また言い換えるなどして要点をはっきりとさせる。

ケースメソッドによるエシックストレーニングを行う場合の教材は、典型的なジレンマ問題を検討する場合が多い。次節ではジレンマ問題、線引き問題および映像教材によるケースリードのポイントについて説明しておきたい。

3-7　全体討論におけるさまざまなケースリードのポイント
①ジレンマ問題を扱うケースのリード

エシックストレーニングに使用するケース教材の典型的問題構造である。ある問題に直面した際に、効率性と人間性などのように相反する2つの価値観が対立する。それによって意思決定を困難にさせる問題である。シナリオ作成のために用意した第Ⅱ部に掲載の新聞記事、「クマ牧場」を見ていただきたい。ジレンマ問題の典型例といえよう。このようなケース

表3-4 新聞記事「クマ牧場」におけるジレンマ

クマの処分賛成（保護反対派）	クマの保護賛成（処分反対派）
人に危害を加える可能性	生き物なのでかわいそう
保護にはお金がかかる	クマは人に利用されただけで無実
そのお金が税金であり、投入すべきでない	生き物を大切に（ISO26000要求事項）

を扱う際には、価値観の対立軸をはっきりと認識させるようにリードをする。まさに、ジレンマを起こしている点を対抗意見としてぶつけたり、質問したりするのである。表3-4を見ていただきたい。「クマ牧場」のジレンマを表したものである。

　ディスカッションで「クマ処分反対派」が「クマは人に利用されただけ、生き物を大切にしなくてはいけない」という意見を展開した場合に、反対の立場の意見として「保護はわかるが、費用はどうするのでしょう？　行政のお金は税金ですよ」などと真っ向から反論をぶつけていくと議論が成り立ちやすい。もちろん、参加しただれかが質問をしてくれることが一番望ましいが、質問が出なければ、リーダーが敢えて反対論をぶつけるようにするとよい。

②線引き問題を扱うケースのリード

　線引き問題の要点は、「どこに線を引かせるのか？　その線をそこに引いた理由はなにか？」これに終始する。例として、第Ⅱ部にあるケース「緊急対応」を見ていただきたい。忘年会をしていた鉄道会社の社員5人が、自社の鉄道事故の手伝いに駆け付ける。現場で指揮を執る管理者が、その5人を現場でどのように処遇するか、という内容である。

　このケースでは、まず、事故現場の処理に社員を投入するかしないか、というジレンマ問題に直面したのちに、投入するならば、だれを投入する

表3-5　線引き問題を検討する場合のリードのまとめ

氏名	夏目	栃内	金光	西村	岡部
投入する？	○	×	×	○	×
理由	意識はしっかりしているので	泣いており正常な判断が？	顔が青いのは平常ではない	見た目だけ問題なし	酔いが酷い平常の動き不能

注意）上記の表はあくまで例であり、正解や最適解ではない（活用例に過ぎない）

のか、という決断を迫る。5人の社員は全員酒気を帯びている。しかし、その度合いはさまざまで、どこまでなら緊急対応にあたらせても大丈夫かを考えさせるのである。

③映像によるケース教材を扱う

ケースメソッド教材は一般的には紙ベースであることが多い。とくに、短編シナリオによるエシックストレーニングの場合はなおさらである。しかし、このようなシナリオを映像化したドラマ教材がある。著者の本務校である金沢工業大学でも、「ソーラーブラインド」という技術者を主人公にした映像教材を作成した。このような映像教材の場合のリードはどのようにしたらよいか。「ソーラーブラインド」を例に紹介しよう。

なお、これも第Ⅱ部にそのドラマの「あらすじ」を記したので、内容をご参照いただきたい。また、同ビデオ教材の脚本を「あらすじ」の次のページから掲載した。より詳しくドラマ内容を把握したい方はそれをお読みいただいてから、このあとのリードの仕方を読み進めてほしい。

④映像ケース「ソーラーブラインド」のケースリード例

著者は本ケースを企業研修の場や、金沢工業大学の学部3年生全学必修科目「科学技術者倫理」の講義において使用している。その際のケース

第 3 章　ケースの導き方について：エシックストレーニングの実践

リードの進め方をここに記述していくことにしたい。

1. スライドによるソーラーブラインドの製品説明
2. ドラマに登場する人物の紹介（主人公 ⇒ 上司 ⇒ 同じ会社同僚 ⇒ プロジェクトパートナー会社）
3. ドラマ視聴
4. 問建て
5. グループ討論
6. 全体討論
7. まとめ

　紙と映像という媒体の違いによる留意点を挙げておく。まず、もっとも気をつけたいのが、紙は短時間で何度でも読み直すことが可能であるが、ドラマは基本的にはひととおり映像をみなくてはならず、そのため一定の視聴時間が必ず必要になる。このソーラーブラインドの場合は25分ほどのドラマに仕上げてある。しかし、あらすじだけ読めば5分とかからない。第2に、紙は登場人物を頭の中で自分に置き換えるなど自分で理解しやすいよう読みとるが、映像は主人公を役者が演じているため、この点で、登場人物のだれがどの配役になっているのかを見る者に先に理解しやすいようにしておく必要がある。第3に、あまりケースリードには関係ないが、紙教材はほとんど製作費はかからない。しかし、ドラマ教材をしっかり作るとなると相当の労力と費用が必要である。だが、ドラマ教材のメリットを挙げると、臨場感をもってケースに臨みやすい。また感情移入しやすいという点が挙げられる。

　この3つの相違点のうち第1と第2を準備段階でフォローする必要があるため、上記の1～2をドラマ視聴に先立って行うのである。

さて、ドラマを視聴してから、グループ討論に入る。「ソーラーブラインド」における中心的問題は「製品の発熱」である。しかし、映像教材一般にいえることだが、視聴した人の見方や考え方、専門性によって、参加者にさまざまな事実認識のずれが生じる。そのために問建てを次のように設定する。

問1) このドラマにおける問題点を挙げてください。どんな小さな問題でもよいので、なるべく多く挙げてください。

問2) あなたがこのドラマの主人公（真田氏）だったら、この後、どうしますか？　こうするという意思決定と、それを実現する行動設計を立ててください。

問1の狙いを説明しておきたい。問1はドラマを見た参加者たちが想起した、さまざま問題点を集約する。まずはグループで、そして全体討論の際に参加者全員で問題を共有化する。このステップを取ることによって、グループ討論での問題点の認識の相違や事実の相互誤認による教育効果の低減を防ぐことができる。また、異なった問題点を討論時に挙げ合うことで、異なった立場からさまざまな問題が内在していることを認識することになる。これによってケースメソッド研修の効果を参加者は自覚しやすくなる。「自分が気づかなかった問題が、こんなにあったのか」と納得するのである。また、問題発見能力も磨くことができよう。さらに、グループ討論および全体討論で、問題点を共有化できるため、討論が散漫になりにくいのである。

実際のケース討論の場ではグループ討論時間を、これまでと同じように20分ほどで設定する。通常のケース検討の際の注意点と同様に、どこのグループがどのような意思決定行動設計になりそうか、注意深く聞き観察する。その中でも、ソーラーブラインドを討論中の参加者の傾向を紹介し

第3章　ケースの導き方について：エシックストレーニングの実践

ておこう。このケースの場合、グループ討論の5分延長を想定しておくことをお勧めする。問題点のピックアップおよびグループ内の集約に半分以上を消費してしまうグループも多く、そうすると自然と問2の議論が時間切れになってしまうからである。そこで著者の場合がこのケースをリードする時には次のように注意喚起のアナウンスをする。

「まもなく討論時間半分経過です。このケースは実に、問題点の列挙のし甲斐があると思いますが、そろそろ意思決定と行動設計のほうへ議論を進めるようグループで協力をお願いします」

参考までに、この「ソーラーブラインド」のみならず、問題点を列挙するタイプのケースの場合は、時間配分の計画段階から5分延長を想定したほうがよい。参加者は問題点をなるべく多く挙げようと議論が白熱することが多いからである。ただし、問題点を列挙するケースは、映像によるケースと、長編のシナリオケースであることが多い。短編シナリオを使用するエシックストレーニングの場合は気にせずともよいであろう。

討議時間残り5分になったところで、今一度、各グループの司会役に対して次のように問いかける。

「あと5分ですが、まだお時間必要というグループはありますでしょうか？」

これは、先ほどの問題点の列挙のために意思決定、行動設計が検討不足にならないための配慮である。もし必要というグループがあるならば5分延長し全体討論に入るとよい。なければ、当初の予定通りの時刻で全体討論に入る。

全体討論では、問1の問題点の表明をまず各グループに行わせる。その際に以下の2つルールに沿って発表してもらうと効果的である。

・問題点を挙げる際には、具体的な内容を、ひとつだけ挙げる。
・すでに挙げられた問題点は発表しない。

これらのルールはあるひとつのグループが、いくつも一度に挙げてしまうことを避けるためであり、また、なるべく多くの数の問題点を挙げてもらう狙いもある。ソーラーブラインドでは、全体で問題点が10個以上挙げられるまでグループごとに順番に発表してもらう。

ひととおり、問題の列挙が終わったら、次の2点を全体に確認をする。

①ここに挙げられた問題群のほかに、これだけは入れておいたほうがいいだろうという問題はもうありませんか？
②みなさんが挙げてくださった問題の中で、問題として扱うべきではないと考えるものはありませんか？

ない場合⇒ここに挙げられた問題群はみなさんに問題点として共有されたとしましょう。
ある場合⇒①その問題と理由を聴き、それを問題点として加えておく。
②どれが、問題とすべきでないか、その理由を聞き、それに疑義があるということで全体の理解を得る。問題とすべきかどうかは、時間があれば討論してもよい。しない方がよいという理由を聞き、その問題を挙げたグループに、反対意見に対する回答を求める。時間が厳しい場合は、「討論を通して検討していきましょう」といって疑義があると

いう点を確認しておく。

問2の「意思決定行動設計の表明」であるが、より効果的なケース討論とするために筆者は、次の別の質問を問2の発表の前に問うている。

「いまから1分だけ差し上げます。グループ全員で次の点を決めてください。
この事例の中で、状況をもっとも悪化させた人物はだれか？ またその理由を述べよ、ということです」

これは、1分間という短い時間で判断をしてもらうので、事例の中でもっとも印象的な人物を直観的に判断することになる。先の問題群と併せて、状況を悪化させた人々（複数グループが発表するので複数人の悪い人が選ばれる）も挙げ、これによって、これらの問題が、これらの人々によって引き起こされたという関係性を認識させるのである。そして、これを踏まえたうえで問2の意思決定と行動設計を聞いていく。

このケースにおける討論の詳細なポイントは、第Ⅱ部の資料に譲るが、もっとも懸念する問題の解決の行動設計と、ドラマ最終場面での会議の場での発言をどうするかが焦点となる。これ以降はすでに説明した通りである。

3-8　ケースリーダー8つの役割、教育上の7つの罪

ケースのリードの事前準備については、ケースリードのための「事前チェックリスト」を著者は作成して準備をしている。このシートに沿って1つ1つ確認をしていけばケース討論を進める際の設備などの準備の不備をなくすことができよう。また自分のケースリードの力を磨くために、

表 3-6　8つの役割

1. 質問者の役割	5. 発言をわかりやすく言い換える人の役割
2. 臨機応変な機略に富んだ人の役割	6. 討議を軌道に乗せたり、意見の錯綜を整理する交通整理の役割
3. 簡単な講義を行う応急の講師の役割	7. 意見を評価分析する評価者・分析者の役割
4. 発言をじっくり聞く傾聴者の役割	8. 参加者を評価する教師の役割

リーダーが担うべき「8つの役割」[1]と、してはならない「教育上の7つの罪」[2]があるので紹介しておきたい。

①8つの役割

この8つの中で、リードの際に必ず求められる役割が、1、4、5、6の4つである。円滑に討議を進めるためのポイントとなる。1の「質問者の役割」は発言をする参加者に対して、その発言内容に関する質問をする。とくに質問をする際のポイントは、不明確な点をより具体的にするように心がけることである。抽象的な内容をより具体的にすることを狙うのである。4の「発言をじっくり聞く傾聴者の役割」は、発言者が話をしやすいように、うなずき、「はい、はい、なるほど」などと明確に相槌を打って、発言しやすい雰囲気を作るのである。「私はあなたの話をしっかり聞いてますよ」ということを「聴く態度」によって相手に伝えるのである。5の「発言をわかりやすく言い換える人の役割」は、とくに発言者の話が錯綜した時に、わかりやすく言い換えたり、例を出すなどして参加者全員が、その発言者の真意を理解できるように促す役割である。6の「討議を軌道

---

[1] 坂井正廣・村本芳郎『ケース・メソッドに学ぶ経営の基礎』白桃書房, 1993年, pp.23-26
[2] 坂井正廣・村本芳郎『ケース・メソッドに学ぶ経営の基礎』白桃書房, 1993年, pp.23-26

第3章　ケースの導き方について：エシックストレーニングの実践

表 3-7　教育上の 7 つの罪

1. 恩着せがましい	5. ひとりよがり
2. 皮肉	6. 自意識過剰
3. 個人的詰問	7. 口数が多い
4. 無作法・無礼	

に乗せたり、意見の錯綜を整理する交通整理の役割」は、そのままの意味を表し、討論の整理役であり司会役をする。これらの 4 つの役割を果たすことで、著者はだれもが効果のあるケースメソッドによるエシックストレーニングを行えると考えている。

②教育上の 7 つの罪

次にこれをケース討論の際に行った場合にはケースメソッド研修はうまくいかない、もしくは今後、参加者が本音で意見を言ってくれない事態となる「教育上の 7 つの罪」といわれる行為を紹介しておきたい。

この 7 つの項目のうち、気をつけねばならないのは、2、3、7 である。この 3 つは、こちらが、この 3 つに相当するような行為をしている自覚がなくても、相手が知らず知らずのうちにそのように感じている場合がある。とくに 3 の「個人的詰問」は、8 つの役割の「質問者の役割」と裏腹である。リーダーは発言者に対して、より具体的に説明してもらいたいがために重ねて質問をしがちである。また、平素あまり自分の意見を言いなれていない参加者にほど、より具体的に意見を言ってもらいたいがために、リーダーは何度も聞いてしまうのである。それが結果的に、発言者にとって「個人的詰問」として受け取られてしまう。

このような場合には、次の質問に入る前に、「何度も聞いて申しわけないのですが」「これで最後のお尋ねにしますので」などとワンクッション

入れて質問を投げかけるようにしたい。これによって発言者は精神的にゆとりをもって回答できる。

これらの項目については、筆者も常に留意しながらリードを行っているが、なかなか満足にすべてを満たすことはむずかしい。人と人との対話であるから、当然同じテーマでも全く違う展開になる場合も多い。他の人の立場について考えながらケース・バイ・ケースで満足できるように思慮を深め、この「8つの役割」の達成と「教育上の7つの罪」回避を目指すようにしている。筆者は1年間のうちに何十回ものさまざまなケースメソッドによるエシックストレーニングを実践しているが、自分で満足のいくケースリードは何度かしかない。自分がうまくいったと感じても、参加者に不満が残れば全く意味がない。それは、この「8つの役割」「教育上の7つの罪」を掲げた坂口がいうところのまさに「ケースの失敗」である。そこでよりよいケースリードを実現するために、筆者が用いているツール紹介しよう。「教育上の7つの罪」を「ケースリードのシンプル評価シート」として活用しやすくしたものを第Ⅱ部に掲載した。これは筆者がケースリードを行った際に、「自戒」のために活用している道具である。読者自身のケースリードスキルの研鑽に役立ててほしい。

3-9　討議でよくある「困った意見」や「困った状況」への対処

ケースのリードについて、とくに、ケース討論の際によくある「困った意見や困った状況への対処」について記しておきたい。

状況①：研修を何度か行うと参加者が次のような反応をする場合がある。それは、意思決定の先延ばしをするものである。よくある意思決定として「関係者を集めて意見交換会を開く」というものである。これは一見、意思決定をしたように見えるが、実はなにも決めていない。会議によって出てきた意見を聞いて決めるのは、本来自分の目指すべき着地点そ

のものがないことを意味する。このような意思決定が出た場合は、「最終的に意思決定者として目指すべき最良の結果はなんなのか」をたずねるとよい。

そして、その意見交換会で出てくるであろう意見を話させ、あらゆる相手の反応を考えさせ、そのもっとも自分にとって困難な相手の対応への、自身の意思決定とそれについての対策である行動設計を聞かせてもらえばよい。このような「決めない意思決定」は、たびたび出てくる。あいまいさや、倫理的問題への耐性がないこういう参加者こそこの研修は必要なのである。そのためには複数回の質問をその参加者に問わねばならないであろう。そのような時のために「教育上の７つの罪」をしっかり理解しておきたい。

状況②：発言の際に次のような趣旨のことを話す参加者がいるかもしれない。「このシナリオは必要な情報が記載されていないし、状況もよくわからない。これでは意思決定などできない」という趣旨のことである。たしかに言いたいことはよくわかる。このような参加者には、少々長いが次のように伝える。もちろん口数が多いという印象を与えないようにする必要がある。

「たしかにあいまいでよくわからないところが多いですね。でも現実もそうではないでしょうか？　多かれ少なかれ、私たちはあいまいな状況の中で意思決定をしていませんか？　高度情報化社会といわれますが、文献やインターネット上をいくら探してもほしい情報が入らない。もしあったとしても、何年も前の情報だったりします。仮に欲しい情報が手に入っても、それはすでに陳腐化が始まっている。１分１秒陳腐化が進んでいるのです。つまり、我々は常にあいまいさを含んだ状況で意思決定をしていくことになるのです」

といってみてはいかがでしょうか。

　状況③：ジレンマ問題を扱う際に起こりやすいのが、討論の内容によって、対立する意見を出した参加者同士が、険悪な雰囲気になってしまう場合である。やり取りが頻繁になればなるほど白熱してくるのである。ケースのリードの基本は「参加者第一」。参加者の発言が研修を形作ると考えることで、本音で意見をぶつけながら、お互いの意見を尊重することも重要であるとすぐに気づく。ケースリードの技術的な対応としては、①議論がどのような点で平行線をたどっているのか、そのポイントを整理する。②その上で、他の参加者（第三者）に意見を聞いてみる。このように意見をハンドリングをすることで、冷静な議論にもどり、進みやすい。また、努めて笑顔で「お互いに冷静に冷静に」と穏やかに割ってはいると収まりやすい。

　状況④：特定の人が長い時間話し続けることがまれにある。これは１回目は積極的に傾聴する。重要な意見を話す可能性があるからである。２回目は、長くなってきたと感じたら、うなずくのを控え、相槌を減らしていく。そうすると、話し手は反応の変化を察することが多い。それでも話を続けるようであれば、笑顔で「なるほどよくわかりました。では、ほかの人の意見も聞いてみましょう。ご協力をお願いします」と話すと収まりやすい。

　状況⑤：議論が堂々巡りをして出口が見えない。このような時はケースリーダーである自分がどのような狙いがあって、このケースを選んだのかを今一度思い返す。そのケーステーマのおとしどころをしっかり念頭において、今一度、板書を整理してみることをお勧めする。また、何度かケース討論を重ねる場合は、必ずしも１回１回、討論をまとめ上げる必要はない。その何回かをまとめて、一度の解説のみ行う方法もありうる。筆者は、あえて議論が白熱してきた段階で議論をやめてしまうこともある。す

ると、研修終了後に、自然発生的にケースの意見交換が始まる場合が多い。ケースメソッドならではの教育効果が生まれる瞬間である。

3-10　まとめ

　最後に全体討論を行う際の環境づくりについて記す。グループ間での意見の交換の場でもある。参加者全員が意見を出しやすい雰囲気をつくることを心がけたい。そのために次の3点を筆者は心がけて準備をしている。
　　・グループ討論よりも、一層のリラックスムードをつくるように。
　　・もし可能ならば、お茶やお菓子など用意する。
　　・討論時には、ユーモアや笑いも忘れずに。

　ケースリードに慣れない時には、ケースリーダーも緊張しており、それが参加者に伝わりやすい。そのために、議論が進まない時もある。そのためにもなるべく意見のいいやすい環境をつくる。参加者が率先して意見をいってくれれば、参加者同士で議論が進み、ケースリードは自然とうまくいくのである。参加者がケースを自然と進め、実りのある研修成果が生み出されるように準備を整えたい。

第4章

ケースシナリオの作成と修正

　本章では、本研修方法で使用するエシックストレーニング用シナリオの作成方法について説明する。ケースメソッド研修の前提として、経営倫理・CSR研修で使用するエシックストレーニング用のシナリオが必要である。しかし、初めてエシックストレーニング用のシナリオを用いるディスカッション研修を行おうとする場合、そのシナリオ教材そのものを用意しなくてはならない。もちろん、経営倫理の専門家や他社の経営倫理・CSR担当者が作成したシナリオや教材を活用する方法もあろう。だが、せっかく日々の業務の時間を割いて、手間をかけて集合研修を行うならば、この研修効果をより一層高いものにしたい。そのためには研修実施担当者が、自社の組織風土や就業規則、コンプライアンス上の留意点などを基礎知識としたケースを作成する必要があろう。また、高い研修効果を得られるようなケースリードを通して、満足いく研修の実現を達成するためにも、担当者自らが作成したシナリオを用意することが望ましいといえよう。

4-1　事例シナリオの様式と文章量

　繰り返しになるが本書では、経営倫理・CSR研修においてケースシナ

リオを用いたディスカッションを行う場合には、A4判用紙1枚片面に収まる文章量のシナリオを使用することをお勧めしたい。

　いわゆるビジネススクールやロースクールなどの専門職大学院においては、数十頁に及ぶケースメソッド教材用のシナリオも使用される。また近年、ゴールドラット博士の著書『ザ・ゴール』に代表されるようにひとつの小説としても読み進められる形態をとるものもある。これらの多数頁で構成されるシナリオもしくは物語は、多くの示唆に富む内容を包含しており、読み手をひきつけ、ストーリーに引き込みながら、学術的な理論フレームワークを学んでいくなど、学習困難性の低減を図る意欲的な試みであるといえよう。また、問題分析解決力など、読み手の能力向上にも貢献するであろう。内容の充実度からも、ディスカッションの論点を多様にし、大学院の講義やゼミなどの比較的多くの時間を費やせる状況下では効果が高い。

　しかし、文章量が多く、かつ、一人で物語を読み進めることから、ディスカッションを始めるまでにおのずと長時間を要する。企業研修に代表されるように、多忙な日常業務からねん出された限られた時間の中で、大学院やゼミ演習のような長編ケースを用い、討論を進めることは残念ながら簡単ではない。事実関係の確認や問題点列挙だけでも膨大な作業となり、総頁数の分を丁寧にピックアップしていくだけでも膨大な時間を消費してしまう。その点、エシックストレーニングのための短編シナリオは、ケースディスカッションを経営倫理・CSRの企業研修にビルドインさせ、実り多い研修とするための効果を発揮する。

4-2　事例・シナリオ教材の作成

　シナリオは、大まかに次の手順で作成する。この流れの中で、もっとも困難と感じるのが⑤物語化・シナリオ化であろう。この点は、次節で詳し

く解説する。

①事例の選定 ⇒ ②事例のデータ収集 ⇒ ③事例の情報収集 ⇒ ④事例情報の整理 ⇒ ⑤物語化・シナリオ化 ⇒ ⑥ケースバランスの検討（ジレンマ問題と線引き問題）⇒ ⑦解説ツールの作成 ⇒ ⑧ケース作成のポイントチェック

①事例の選定

研修実施計画に沿ったテーマをディスカッションできるシナリオを選ぶ。その際には、以下の点に留意する。

・検討させたいテーマはなにか？
・検討する人物をどのような立場に置くか（どの視点からのものとするか）
・ケース討論に充てられる時間の制限（短編シナリオを作成するという点では前述の1時間ほどの研修実施を想定するが、30分などの実施時間を想定した場合には、より短い文章量やシンプルな問題構造のシナリオを作成する必要がある）
・ケース参加者の立場やケース討論経験の有無（ケース討論の経験がない参加者の場合には、状況判断のしやすいジレンマを感じる対立軸を容易に想起させるシナリオの作成を目指す）

②事例のデータ収集

テーマが決まれば、それに関する情報を集める。もっとも一般的なのは、収集する形態や方法はさまざまながら、それは新聞記事であろう。インターネットなどのニュースサイトやトピック記事などから希望するテーマに沿ったケースシナリオになりうると考える記事を探すのである。インターネットによる情報収集が主流ではなかった時代に、新聞記事をスク

ラップ収集していた場合は、そのスクラップブックを引っ張り出してみてもよいであろう。たとえ古い新聞記事であっても、ジレンマが生じる問題は時代に左右されず変わらぬ部分もある。また、時代が古いものであるならば、すでにその記事内容について問題の結論が出ていたり、それを受けて法制化されるなど一定の顛末や社会的な評価が確認できる可能性が高まるからである。

　一方で、現実的可能性として、①の「事例の選定」より、この②が最初のステップになる場合があろう。例えば、新聞に記述された意思決定のむずかしい状況を暴露する記事を読んだり、同僚や知人などから判断の困難な状況に関するアドバイスを求められたりすることがそれである。前者の場合は、新聞記事を読んで関連のデータを収集し、新聞記事をベースとして教材化する。後者の場合には事例データは、その相談者がもっているので、直接インタビューを行い、その時の状況やジレンマとなるポイント、その時の心情などを丁寧に聞くことになる。

③事例の情報収集

　情報収集の具体的方法について記述する。とくに、ここではインタビューによる情報収集を行う場合について論ずる。新聞記事と異なり、この事例は、目の前にいる相談者である知人や同僚の頭の中ある。そのため、ゆっくりと話を聞いてあげられる時間と環境を準備しなくてはならない。詳細はカウンセリングの専門書に任せるが、少なくても静穏で他の人に盗み聞かれない状況が必要であろう。カウンセリングルームではないが、いま、倫理的問題に直面している人にとって、その悩みごとの吐露は、楽にさせてあげられると同時に、大変なプレッシャーにもなりうるからである。

　留意点としては、一般的に話し手は時間の流れに頓着なく、自分の話し

やすいように話を進めていく場合があるので、最終的に時間軸を整えてやることを忘れてはいけない。これはその事例の事実確認や、さらなる情報収集の際の手掛かりになる。

④事例情報の整理

インタビューで得た情報は、音声、メモなどを整理して、事例の概要、核となる問題点やテーマ、ジレンマ問題か線引き問題かなどを整理する際に書き留めておくとよい。また、関係法令・判例の抽出、関係社内規則・過去の社内事例の抽出なども追記しておけば同じ関連事象として整理しやすくなる。また、最終的に教材として活用することが目的であるので、情報として個人名や固有の名称を記録することは必要最小限にしておく。また、インタビュー後の整理された情報は、情報提供者に見せて確認を得ておくことを勧める。

⑤物語化・シナリオ化

情報収集やインタビューを終え、収集した情報を整理したのちに、いよいよケースシナリオに仕立てる作業に入る。この時には次項で説明する「ジレンマ問題」として物語化するか、「線引き問題」として物語化するかを、あらかじめ検討しておくのがよい。

これは、ジレンマ問題であれば「対立軸」を物語に設定するようにシナリオを仕立てていくことが必要となり、また、線引き問題であれば、どこで基準線を引くべきかを判断するための具体的ないくつかの事象や条件を設定することが必要となるからである。どちらの場合においても、次に挙げる点について、事前に決定しておくとシナリオ作成を円滑に進められよう。なお、この物語化もしくはシナリオ化については次節で、「ケースシナリオ作成 6Step」を使って「ジレンマ型シナリオ」の作成を一歩一歩詳

しく解説する。

⑥ケースバランスの検討（ジレンマ問題と線引き問題）
　ケースバランスは、シナリオの読み手の意思決定や行動設計に影響を与える。いわゆる良いケースシナリオといわれるものは、読み手が、容易に意思決定・行動設計を決定することができないシナリオである。一般的に、意思決定が容易にできないシナリオの代表的なものを2つ紹介しておく。

＜ジレンマ問題型シナリオ＞
　ジレンマ問題とはいわゆる「あちらを立てればこちらが立たず」と言われる問題であり、どちらかを選択しなければいけない状況を物語として描き出す。第Ⅱ部のケース「クマ牧場」を例に考えれば、クマの救済には税金を投入せざるを得ず、それを理由に反対する人々がいる。一方で、クマの救済を第一とする活動家が積極的な動きをして、クマをそのままにしておけば多くのマイナス影響が出ることも容易に予想される。その両方が同時には達成できないという状態から、どのように意思決定し行動設計していくかを考えさせるのがジレンマ問題のケースシナリオである。

＜線引き問題型シナリオ＞
　ある事象について、どこまでなら許されるのか、もしくはどこを超えたら許されないのかという、ある一定の基準を設定することを求める問題である。第Ⅱ部のケース「緊急対応」を見てほしい。このシナリオではある架空の鉄道会社に事故が発生、人手不足が予想される中で、酒気を帯びている非番社員たちの投入を検討する際に、どの程度までなら許されるのかを検討するものである。駆けつけた5人の社員たちはそれぞれに異なる酒

酔いの状態であるよう意図的に設定してある。

　その駆けつけた社員たちのその時の状態から、復旧作業に投入するか、しないか、そして、投入するならばだれを投入するのかを決定していくことになる。

⑦解説ツールの作成

　ケースシナリオは、そのシナリオのたたき台となる現実の事象や経験談、もしくは新聞記事のような事実情報を基にして作成する。つまり、事実関係がわかっているならば、それらの情報を用いて解説をすることになる。解説には次のような点を盛り込めるとよい。

　　・一般論や理論による説明・法律や専門知識・現実の事象をベースにした場合には、その事象の顛末や現状・またその事象に対する報道や社会の評価、反応

表4-1　ケース完成チェックリスト

チェックポイント		評価
①テーマ選定：経営倫理・CSRの教育としては適切か		
②タイトル：タイトルが内容を想起させるものか		
③ストーリー	a. ジレンマが織り込まれているか	
	b. わかりやすさ・簡潔性があるか	
	c. バーチャルリアリティーがあるか	
④設問	a. 判断または意思決定を問うているか	
	b. その論拠を問うているか	
	c. 回答者の立場を明確にしているか	
	d. 難易度のレベルは適切か	

出所）経営倫理実践研究センター　星野邦夫

表 4-2　ケース作成チェックリストの補足

①	物語の時間の流れは正確か？
②	登場人物の名前が、あっているか？
③	読者が理解できる用語や言葉を使用しているか？（業界用語などは注意）
④	読んで、面白いか？　小説のように読みやすいか？

⑧ケース作成のポイントチェック

　次に挙げる点が網羅されていればケース教材として使いやすいものが出来上がったといえる。経営倫理実践研究センター主任研究員の星野は、表4-1に紹介する「ケース完成チェックリスト」を作成しているので紹介しよう。

　これらのポイントを満たしていれば、教材として利用しやすいシナリオといえる。また、最終確認の意味で表4-2に挙げる4点を加えてほしい。

4-3　「ケースシナリオ作成　6Step」に沿ったシナリオ作成の演習

　ここではシナリオ作成のとくに、⑤の「物語化・シナリオ化」について述べる。ケースシナリオの作成は従来文章力とセンスが必要だといわれるもので、なかなかむずかしいといわれている。

　もちろん、そのような見方もたしかに正しい。

　しかし、この本で使用する短編の、しかも、A4判用紙1枚程度のエシックストレーニング用のシナリオならば、ポイントを押さえればだれもが作れるのではないか。そう考え、センスや特別な文章力は問わずにシナリオ作成できるような方法やツールを作ろうと筆者が考え、物語化・シナリオ化に特化して作成したツールが「ケースシナリオ作成6Step」（図4-1）である。

　ここでは、筆者がよくシナリオの作成時に活用する新聞記事からシナリ

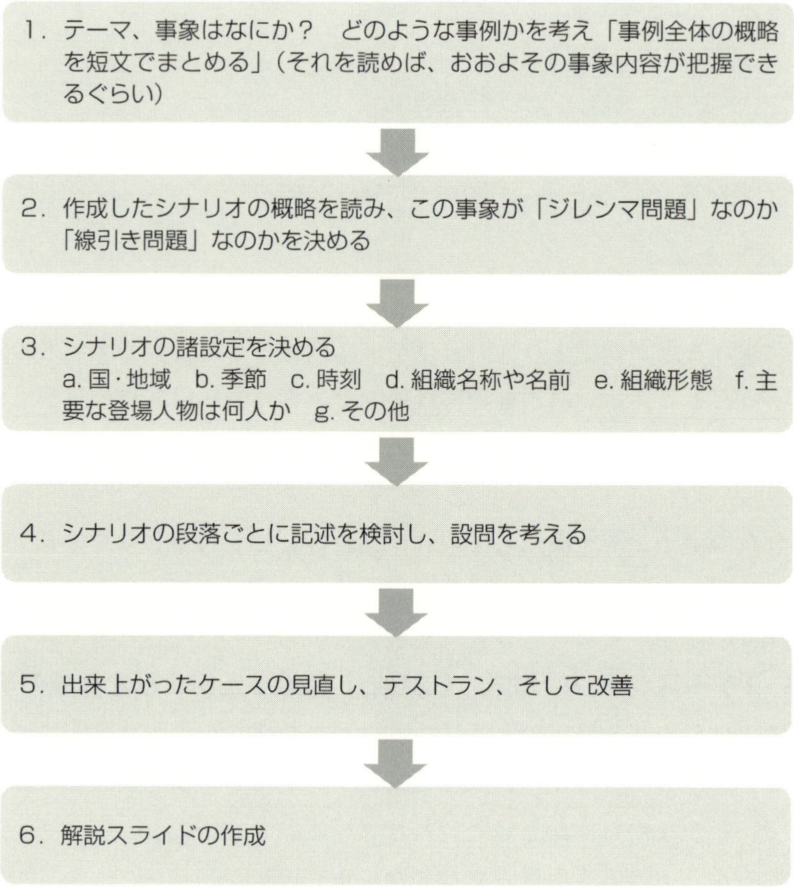

第Ⅰ部　ケースメソッドの手法と実践

1. テーマ、事象はなにか？　どのような事例かを考え「事例全体の概略を短文でまとめる」(それを読めば、おおよその事象内容が把握できるぐらい)

2. 作成したシナリオの概略を読み、この事象が「ジレンマ問題」なのか「線引き問題」なのかを決める

3. シナリオの諸設定を決める
   a.国・地域　b.季節　c.時刻　d.組織名称や名前　e.組織形態　f.主要な登場人物は何人か　g.その他

4. シナリオの段落ごとに記述を検討し、設問を考える

5. 出来上がったケースの見直し、テストラン、そして改善

6. 解説スライドの作成

図4-1　ケースシナリオ作成6 Step

オを作成する場合のStepを説明する。新聞記事からシナリオを作成する場合のメリットは、労せずして多くの情報を得ることが可能であるということ。一方、デメリットは多くの人がその事象を見聞きしたことがあるため、そのままの名称でケースシナリオ化すると顛末分析になってしまう可能性がある点に気をつけなければならない。第Ⅱ部104頁の「クマ牧場」

の記事を見ていただきたい。ここではこの記事を活用して、エシックストレーニング用のケースメソッド教材を作成していく。

1. **テーマ、事象はなにか？　どのような事例かを考え、「事例全体の概略を短文でまとめる」**

　収集した事象に関する情報が手元に多くある状態がこのステップ1である。ここでは、それを読めば、おおよその事象内容が把握できるぐらいの内容でまとめる。ポイントは、詳細になりすぎないことである。おおまかにこの事象の全体像が把握できればそれでよい。情報収集がうまくいって、多くの情報が手元にあると、そのすべてを盛り込みたくなるのだが、あまり入れ込みすぎるとA4判1枚では到底収まらない。また、このまとめられた概要はケースシナリオのベースとなる。短文にまとめる際のポイントを挙げておく。

・時間の流れに沿ってまとめる。
・主要な登場人物は何人か。
・それぞれの人物の立場、役割。
・重要な意思決定が行われた時点はどこなのかを意識してまとめる。

　これらのポイントを明記することによって、ケース教材が作成しやすくなる。
　クマ牧場の記事をまとめると、以下のような記述になろう。

＜「クマ牧場」概要　例＞
　今春、経営難のクマ牧場でクマが人を襲う事件が発生。死者を出した。経営者は逮捕され、その後、牧場は廃業となった。クマ27頭が処分対象となる。「県」は、殺処分を検討するが、「動物愛護団体」が

> 動物愛護と子供の情操教育の観点から反対。県が買い取り面倒を見ることを提唱。一方、財政の厳しい中で、クマに税金を投入することに知事が反対している。暫定的に今秋までに他の動物園などへの引き取りを頼む方針だが、雑種も多く含まれており、全頭の引き取りは非常に困難が予想される。どのように処置するかが焦点。

というようにまとめてみたが、いかがであろうか。

2. 作成したシナリオの概略を読み、この事象が「ジレンマ問題」なのか「線引き問題」なのかを決める

　短文で事象の概略を記述したのちに、ジレンマ問題か、線引き問題かを検討する。深刻に考える必要はない。要は、二者択一的な問題を含むのか、もしくは、一定のルールや基準がないために問題が生じたのか、を全体像から把握できればよい。もちろん、迷うこともあるが、基本的にはどちらのシナリオのほうが仕立てやすいかによる。

　この新聞記事「クマ牧場」の事象では、クマの処遇に関するジレンマが存在する。

　明らかに価値観の相反が見て取れるケースであり、ジレンマ問題を包含するシナリオに仕立てればよいケースとなるであろう。参考までに線引き問題とするならば、クマを仮に保護するならば、いくらまでだったら税金

表4-3　新聞記事「クマ牧場」におけるジレンマ

クマの処分賛成（保護反対派）	クマの保護賛成（処分反対派）
人に危害を加える可能性	生き物なのでかわいそう
保護にはお金がかかる	クマは人に利用されただけで無実
そのお金が税金であり、投入すべきでない	生き物を大切に（ISO26000 要求事項）

を投入してもよいのか、10万円？100万円？1000万円？1億円？などという形で、文字通りどこで線を引くか、そして「なぜそこで線を引いたのか」を問う形になる。

3. シナリオの諸設定を決める：a. 国・地域　b. 季節　c. 時刻　d. 組織名称や名前　e. 組織形態　f. 主要な登場人物は何人か　g. その他

　次は、詳細なシナリオ上の設定を決める。筆者は次に紹介するような表4-4を使用し、検討するようにしている。ここからは、「クマ牧場」の記事から筆者が作成した「わんわん動物公園」を例として説明していく。以下の表4-4クマ牧場作成時の諸設定検討表では、「新聞記事」と「ケースでの設定」の対比が行われている。この表の項目の数を増やすことはもちろん可能である。つまり「ケースでの設定」の欄に、ケースシナリオ化の際にどのような設定にするかを検討し、書き入れていくのである。

　もちろん、現実の事象の名称そのままで教材として機能するならば、記事の名称でもよい。本書では、①ケース作成のバリエーションの紹介という点から「クマ」を「犬」に代えてケース化してある。また、②クマ牧場

表4-4　クマ牧場作成時の諸設定検討表

	新聞記事	ケースでの設定（例）
a. 国・地域	日本・秋田県	市
b. 季節	4月　春	あと1か月で期限
c. 時刻	−	とくに指定しない
d. 組織名称や名前	Hクマ牧場⇒秋田県	架空の場所（まいど市）
e. 組織形態	私企業⇒行政（県）	企業から市
f. 主要な登場人物は何人か	3人・団体とクマ	3人・団体と犬
g. その他	死傷事故があり廃業へ	現状を海外メディアが報道

は死傷者を伴う大きな事件となり、新聞やニュースで多く取り上げられた。そのため、研修参加者にすぐに「それ」と分かってしまう可能性が高いために、あえて、「クマの処遇」ではなく「犬」に置き換えた。このような置き換えは、だれもがすぐに思い出す大きなニュースを一般的なケースシナリオ化する場合に効果的である。

次に、表4-4の項目f.「主要な登場人物は何人か」について検討する。「クマ牧場」の記事をベースとした「わんわん動物公園」のケースでは、3人の登場人物が挙げられる。現実の事象の上で、1. 決断を迫られる市担当者、2. 犬の生存を望む擁護派、3. 犬の処分やむなしとする処分派である。この3人のそれぞれの設定を作成する。

これらの登場人物に共通で設定すべき項目として、名前、おおよその年齢、性別、役職、そしてシナリオ上の立場を設定しておく。

名前を決めることに関しては、A氏、B君などでもよいのではないと考える人もあろう。しかし、本書ではあえて、具体的な名前を付けておくことを勧める。例えば、舞台となる場所が外国である場合、A、Bの呼称は文化、価値の違いなどを意識させにくい。その国や文化を想像させる呼称をつけることがシナリオへの読み手の深い沈潜を可能にする。年齢、性別、役職についても同様で、若い独身の一般社員女性が主人公である場合と大組織の部長級の50代男性が主人公である場合では、おのずと権限も変わってくる。このあたりの設定次第で議論の方向が全く変わる可能性を生むのである。

一方で、設定時において一貫してブレずに設定しておくべきものとして「シナリオ上の立場」がある。「わんわん動物公園」のケースを例に説明すると、一人目の主人公は行政の担当者「岡部」、この人物は犬の今後についての意思決定を委ねられ、その決断次第で犬の命運が決められる。一方、それ故に、どのようにすべきか判断を決めかねているという立場であ

る。この立場を基本として、どのような人物設定がもっとも効果的かを考えて決めていく。

　二人目の登場人物は犬擁護派で、犬の処分に関して反対しており、その理由を説明する役割を担う。この場合、動物保護の観点から理由を述べさせることになる。環境、生態系に関する専門家、動物愛護団体などいろいろな人物設定が可能である。これらの立場を代表するイメージを思い浮かばせる名前や職業をつける方法もある。このケースでは「看板をもった市民」「欧州に本部をもつ動物愛護団体」としている。

　三人目の登場人物は二人目と対立する立場をとる。犬の処分を求める立場であり、その理由は経済的なもの、また被害者の心情などを代弁する。とくに経済的理由を前面に出す場合、市の担当者の立場から税金、つまり公金の使い方を問う焦点となる。このような状況を想定するならば、市民団体、被害者団体、もしくは市の出納係、県議会議員などの立場から検討する設定がつくりやすい。また、このケースの「市長」のように組織の長にこの立場をとらせることもできる。市民の反応や選挙への影響と予算、税金の使用などを理由に犬の処分を迫るなどの設定をすることができよう。

　最後に、g.その他であるが、例えば、登場人物同士のやり取りを会話形式で表現することによって臨場感をもたせることができる。その際のポイントを挙げておきたい。登場人物の関係に上下を意識させたい場合には、課長や主任など職位を明示してやるとよい。また、年齢などを意識させる場合も、若手には丁寧語をしゃべらせ、先輩格、年長者には丁寧語を使わせない。こうすることにより、ケース中の登場人物たちの人間関係を定義づけすることが可能である。また、強い表現を使用し、言葉遣いが荒い人物を登場させると状況の緊迫さ、事象状況の印象、その評価に対する厳しさを読み手に感じさせることもできる。

4. シナリオの段落ごとに記述内容を検討し、設問を考える

この段階まで来ると、シナリオとしての骨格が組みあがっている。あとは文章をどのようにしていくかに考えを廻らせる。事象全体の概要を踏まえ、ジレンマポイントを押さえつつ、登場人物などの要素や名称についてケースシナリオ用設定に準じて記述していく。シナリオの段落は大きく4つ程度に分けることを目安とする。第1段落部分では、シナリオの舞台となる地域や場所、業種、企業、主人公のなどの「背景」や「設定」を記述していく。第2段落では事象の説明を物語的に書き綴る。意思決定や行動などに関連する説明、事柄など検討すべき問題点に気づけるように記述をする。

第3段落で、登場人物たちに会話をさせ状況をより明確にし、立場の上下や違いなどを読み手に意識させるように努める。主人公の心の葛藤などもここで記述をしておく。

第4段落では、状況を理解した主人公が意思決定をする直前までを記述し結ぶ。ここで、とくに、意思決定までの猶予時間がどれくらいあるのかをしっかり意識させる。

第4段落まで物語ができたら、一度通しで必ずすべてを読み通す。これは文章の誤記チェックなどはもちろん、つじつまが合っているか、登場人物の氏名などに齟齬がないかを確認し、必要があれば訂正するためである。

＜シナリオに臨場感をもたせる方法＞

小説家のような表現力が求められるわけではないが、単調な文書よりは、読んで面白いもののほうが読み手も集中しやすいし、研修効果も高まる。そのために、小説家になるために文章力を磨く時間と比べれば容易な、読み手を引き込む方法を紹介しておく。第Ⅱ部のケース「わんわん動

物公園」Bを読んでいただきたい。前掲の「わんわん動物公園」Aとほとんど内容は同じである。しかし、お気づきのように、文章の構成を変えている。

　先に、登場人物たちに現状を話し合わせ、読み手に「なにが起きているのか」とこの話に引き込むのである。このような工夫を凝らし、読み手にとって検討しやすいシナリオを作成できたら全体を通読して、問題がなければ問建てを考える。

＜問建て＞
　もっとも典型的な設問は、読み手に主人公の立場で、その直面した状況についての意思決定を導く質問である。

「あなたが主人公ならば、この後どうしますか？」

というものである。
　多くの場合、意思決定をするということだけでも、かなり厳しいタフな思考が必要になる。そのため、意思決定がなされず、「話し合いをして合意を形成する」というような非常に抽象的な意思決定にとどまってしまう場合がある。そのようなことがないように、またより現実的にジレンマ問題の収拾を擬似的に体験するために、さらに設問表現に加え、

「解決に至るであろう意思決定と、その意思決定を現実化する行動設計を立てなさい」

という設問を用いることを強く勧める。また、もし複数グループ、もしくは複数人で意見交換をさせる場合には、次の表現を用いる。

「解決に至るであろう統一の意思決定と、その意思決定を現実化する統一の行動設計を立てなさい」

現実の意思決定においては、同じ事象に複数名が直面した際にはどうするか。組織であれば当然、メンバー間の話し合いや、責任者の裁断によって意思決定はおおむね統一される。そして、そこに至る方法は、複数あるだろうが目指す方向は同じはずである。その間の、意見の相違からくる軋轢やすり合わせの作業がきわめて重要になる。

企業におけるエシックストレーニングのためのケースシナリオならば、この点を重視して使用できるものとすべきであろう。

5. 出来上がったケースの見直し、テストラン
＜見直し＞

ひととおりシナリオを書き終えたら、必ず時間をおいて通読する。自分の記述した内容が他の人に、自分が意図した通りに理解してもらえるかを確認する必要がある。少なくとも1日置いて、再度見直しをしたい。時間を置いて、自分も冷静な目でもう一度見直すのである。ここで、先に紹介したチェックリストも併せて活用してほしい。つまり、可能な限り、客観的な視点から文章の完成度を評価するわけである。また、これらと併せて、念頭においていただきたいのは、読んでみて面白いか、である。読み終えた後に、「これは簡単にはいかない問題だ、悩ましいな」というような印象が出てくればよい。

そのあとで、自分以外の第三者に読んでもらう。この場合は、同僚でもよいし、家族でもよい。ケースメソッドやエシックストレーニングの知っている人である必要はない。お願いした人物が文章をとおして、意図したことをくみ取っていることを確認できればよい。もし、読み手がケースや

エシックストレーニングをよく知っているならば、さらに的確なアイディアを示してくれる可能性もある。この場合は次のテストランの項目も同時に進めることができる。

＜テストラン＞
　文章としてのシナリオの確認を終えたなら、次はケース教材としてのシナリオの出来ばえを確認する。これがいわゆる「テストラン」である。その狙いは次の3つである。
　　・ケース教材としての「狙い」通りに、議論が進んでいくか、問題点を挙げてくれるか。
　　・ケースバランスの確認（バランス調整の必要性の有無）。
　　・研修会において、本ケースを使用するための事前意見収集。

　これらは、テストランにおいて必ず実践をしたほうがよい。この時点で、こちらの狙い通りに議論が進まない場合は、ケースシナリオの記載内容に起因するものなのか、ケースバランスが原因なのか、読み手の勘違いや意識が理解の停滞を生じさせているのか見極める。
　例えば、ケース記載であれば、登場人物、組織などの名称違いによる混乱が挙げられる。また、バランスが原因の場合は、意思決定に困窮するようなジレンマを感じる作りになっていない、などが考えられる。読み手の勘違いはケース記載にも関係が深いが、勘違いしていることが原因となって、意見交換がかみ合わない場合などがそれである。そのような場合は、記述内容をわかりやすい表現に変えるか、議論の際に意図的にその点を整理するなどの対処をする。「テストランを何度行うのがよいのか」であるが、1回は必ず行うこと。多ければそれだけ、たくさんの目を経て確認ができる。ただ、当然だが、実際の研修をまさに受けるという人物にテスト

ランを依頼することは避けるべきである。
　以上のようなテストランを経て、ケース教材としての体裁が整い、事前に想定しうる意見も最低限入手したうえで、実際に使用する準備が整うのである。

6. 解説スライドの作成

　最後にケースを用いたエシックストレーニングの際に解説として用いる資料の作成を行う。これは、作成のために収集し、シナリオのベースとなった事象に関する記事や情報を整理しまとめる作業になる。つまり、事例研究としてこのケース教材を分析することになる。整理作業は以下の視点を網羅したい。

　　・一般論や学術的理論を用いた説明、確認
　　・法律や専門知識による確認
　　・現実に起こった事象ならば：その顛末と評価

　顛末の紹介であって、正解ではない。そのため、評価も世論の評価、報道機関の評価、専門家の評価など、多様な評価があることをなるべく紹介できるように整える。上記の3点のうち、最も気をつけたいのが「評価」の部分である。職場でエシックストレーニングのためのケース討論を行う場合、その職場の長がリード役となる場合が多い。この時に「評価」に、自分の意見をいってしまうことがある。これは避けなければならない。その場のもっとも高い職責を担う地位の人物が評価をいうと、他の人物は異なる意見や評価をいい辛くなるからである。
　評価は必ず、第三者の評価を多様に報せ、考えてもらうことを狙いとしたい。形式はパワーポイントなどでまとめれば利用しやすい。だが、プロジェクターがなければ使用できないのでは、意味がない。職場事情に合わ

せて、A4判の用紙1枚にまとめるなど、手軽に確認できるような形式でもまったく構わない。

4-4 ケースの改善

　作成したケースはテストランを経て、いよいよエシックストレーニングのための研修の場で使用される。うまく議論が進めば素晴らしいが、当然なんらかの事情により思ったように意見交換ができない場合もあろう。テストランではおおむね好評だったとしても、実際にはうまくいかない場合もある。またその逆にテストランで懸念していた点が、逆に議論のツボとなり、予想以上の効果を上げることもある。「やってみないとわからない」という点もあるのが、このエシックストレーニング用のケースメソッドである。だが、次のような場合には、一度作成したケースに手を入れることを考えることをお勧めしたい。

　　・研修事後の参加者の反応が予想したよりも悪い（ジレンマを感じていない）
　　・シナリオを読んで、理解しやすい表現に変えたほうがいい点が生じた
　　・法改正や、社会的情勢の変化などのより陳腐化が生じた

　このようなことが見受けられた場合には、手を入れておきたい。とくに3つ目の法改正や社会情勢の変化などは、それまで法的に正しいとされていたことが、違法行為になってしまうようなことがあり、シナリオと併せて解説資料も手を入れる必要があるので注意したい。

＜典型的なケース構造＞
　ケースを作成して討論がうまくいかない時に、点検をすべき点を最後に

第Ⅰ部　ケースメソッドの手法と実践

紹介しよう（図 4-2、4-3）。

ケース構造①はもっともシンプルなフレームワークである。決断すべき事項に対して、登場人物たちが異なる立場からの意見をそれぞれいう。それを受けて主人公である意思決定者がどうするかを問うものである。

この図に照らし、賛成派、反対派の言い分を箇条書きで整理する。片方が多くの意見をいっていないか、また一方だけの意見記述のみ表明させていないかを確認する。また、言質によっても判断が大きく変わる可能性が

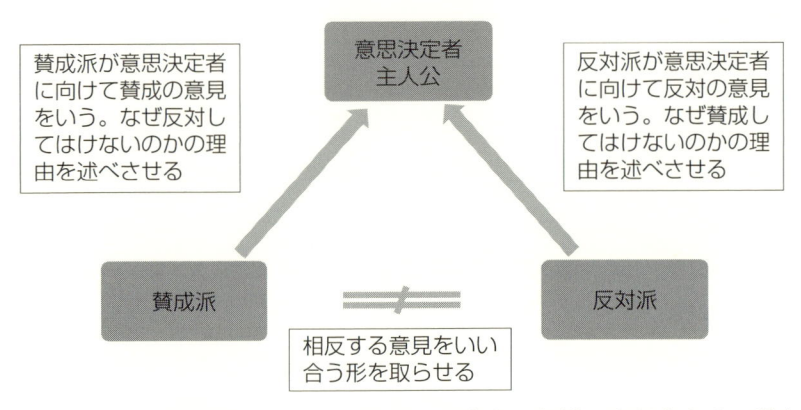

図 4-2　ケース構造①：主人公の設定を経営者や組織の責任者とする場合

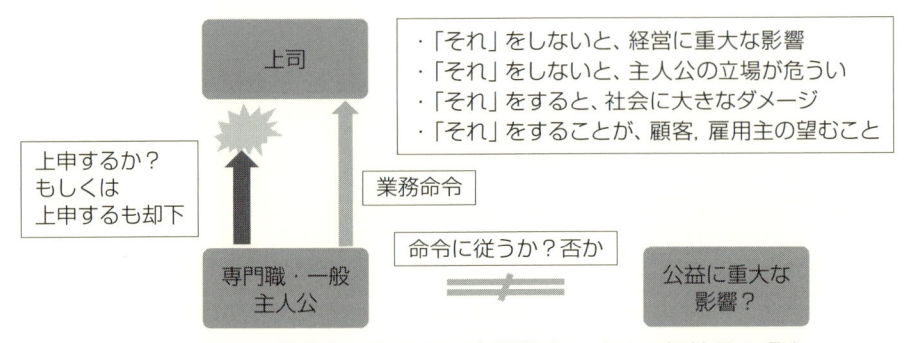

図 4-3　ケース構造②：主人公が専門職もしくは一般社員の場合

ある。

ケース構造②は少し複雑に見えるかもしれない。しかし、これも単純な構造である。

主人公が専門職や一般職であり、上司から命令を受けてなんらかの業務の遂行を迫られる。しかしその業務遂行のために、なんらかの違法、脱法行為を行わねばならない場合、もしくは、違法、脱法行為ではないが、社会的に負の影響が大変大きいことが予想される事象などを表している。

この構造をもつシナリオの場合、上司と主人公が対立軸となる。その場合の行動可能性として

・その上の上司に上訴する
・公益通報をする
・上記の2つ以外の第3の方法

というのが考えられる。

この場合、議論の方向として3つ目を考えさせるような仕掛けができるとケースメソッド研修としては面白い。そのために、最初のひとつは、「会社ぐるみ」の場合どうするか、という反対質問を用意する。2つ目の選択肢には、公益通報・内部告発は自らをも滅ぼす可能性がある「諸刃の剣」であることを話してみる方法がある。例として「雪印食品牛肉偽装事件」[1]などの事例を言及してみるのもよい。

このような「仕掛け」を経たのちに、第3の選択肢も考慮させることができるように、ケース改善、リード改善していくのがよい。

最後に、エシックストレーニング参加者は「命がかかっている状況」「幼児」「高齢者」「ハンディキャップをもった人物」「女性や妊婦」などが

---

[1] 2001年に我が国で起きた政府補助金詐取事件。取引先の西宮冷蔵の公益通報によって事が公となったが、西宮冷蔵も一時、廃業となった（2004年に営業再開）。

窮地に陥る状況を設定すると、意思決定の判断が大きく変わる可能性を生むので覚えておいていただきたい。

第Ⅱ部
ケースメソッドのケース教材

　本書で紹介してきたケースメソッドを実践してもらうために、使いやすいケースシナリオを掲載した。以下の教材は実際に著者が多くの企業の方々を作り上げ、実際に研修の場で多く使用してきたものである。この著書を手に取ってくださった方々にご活用いただければこの上ない喜びである。

- 「導入時講義（例）」資料
- ケース　「駐車違反」①
- ケース　「駐車違反」②
- ケース　「過労」
- 新聞記事「クマ牧場」
- 新聞記事「クマ牧場、その後」
- ケースリード資料「クマ牧場」スライド例
- ケース　「クマ牧場」導き方確認書
- ケース　「わんわん動物公園」A
- ケース　「わんわん動物公園」B
- ケース　「恋人の聖地」
- ケース　「恋人の聖地」導き方確認書
- ケース　「緊急対応」
- ケース　「緊急対応」導き方確認書
- ケース　「小さな親切」
- あらすじ「ソーラーブラインド」
- 脚本　「ソーラーブラインド」
- ケースリード事前チェックリスト
- ケースリードシンプルチェックリスト

「導入講義スライド例」

「導入講義」

岡部幸徳　博士(経営学)
金沢工業大学　基礎教育部
修学基礎教育課程　准教授

講師紹介

名前：
家族：

住所：

近況：

本日の研修

- はじめに：
  ケースメソッドとケーススタディ
  　　　　　（初めての方のために）

- ケース①：

- ケース②：

- まとめ

ケースメソッドとケーススタディ

ケースメソッドについて

ケースメソッド
　　　「倫理的思考回路」を作る

ケースメソッドの目的：思考訓練
　教育手法の一つ。物語的に書きつづり、その登場人物がある問題に直面した状況で物語は終る場合が多い。そこでは明確なポイントや問題は示されておらず、結末も書かれていない。「問い」は「あなたなら、どうする？」という、参加者に判断させる形をとり、シナリオに登場する人物の立場に立って、自分ならどうするか意思決定をする。

第Ⅱ部　ケースメソッドのケース教材

「ケースメソッド」
- 「あなたなら、どうする？」という判断をグループで議論して、自分たちで問題点やポイントを発見し、それを分析して最終意思決定をする。
- 唯一の正解はない。しかし、多くの人々が概ね納得できるような結論は導き出せるかもしれない。
- 結論は議論の中で、自分達で見つけていく

ケースの進め方
①予習：事前にシナリオ（ケース）を読む
　↓
②小グループでの討論
　↓
③全体の討論
　↓
④まとめ

今日は、これに沿ってすすめていきます

①予習：事前にシナリオを読む
- シナリオに潜む問題点の洗い出し
- 自分個人の意見を考え、意思決定をする
- 自分以外の人に、なぜそうするのかを説明できるように準備する
- 予想される反対意見や問題点なども考えておく

②　小グループでの討論
- 各グループ内での司会役・書記役をきめる
- 司会役は、参加者同士の意見交換を促進するように配慮する。また、参加者全員が必ず1度自分の意見をいう配慮をする
- 書記役はグループ討論で出た意見を書きとめ、次の全体討論時に自分のグループの意見を発表できるように纏める

③　全体の討論
- 講師が意見の交通整理役となって、クラス全体で、グループ間の（時には個人の立場に立ち返って）議論を進める。

- さいごに④　まとめ
ケースの問題点や、ポイント、留意点などを確認し、現実に発生した事件・問題であればその顛末（正解ではない、つまりその行動が善い行動だったとはかぎらない）を確認する。

「ケースメソッド」での講師の役割
- 参加者の思考と議論の活性化の手伝い
- 参加者の議論の整理やまとめの手伝い
例）　議論の俎上に新たな視点や、留意してほしい点、気付いてほしい点を乗せる為に、反対意見や「ちゃかすような意見」、つよく肯定するような意見をいう　　など

最後に：
情報が分からない部分、曖昧な点等への対応は、存分に「倫理的想像力」を発揮し、意見交換しながら補ってください。

　　それでは、ケースメソッドを
　　　はじめましょう

ケース「駐車違反」①

　製薬会社のルート営業を仕事にする大田は、久しぶりに家族3人で箱根まで1泊でドライブへ行こうと計画をした。仕事で車に乗る機会が多いため、自家用車をもたない大田は、同僚の川合から車を借りた。10年前のモデルの中古車で来月早々には車検切れになるため川合は新車購入を検討していた。「好きに使ってくれていいよ。来月には乗り換える予定だし、でも、故障は少ないから安心して」といわれて車を借りてきた。

　翌日は暑いくらいに晴れ渡るドライブ日和であった。国道から海岸沿いへ向かう県道を走っていると、子供が「おしっこ〜もれちゃうよ〜」と騒ぎだした。大田は急いでお手洗いが借りられそうな店の前に車を止め、ハザードを点滅させて子供をつれて店に入っていった。妻もエアコンで冷えたらしく一緒に店内のお手洗いへ。5分後に出てきてみるとフロントガラスに見慣れない黄色のステッカーが貼られていた。「駐車違反」を知らせるステッカーである。

　見回すと、監視員が50メートル先で他の車にステッカーを張っているところであった。監視員を捕まえ、事情を説明すると「私たちは決まりの通りに進めているだけですから。お願いしますね」といって作業に戻ってしまった。大田が困惑するのには訳があった。あと1点の減点で免許停止になってしまうのである。それは当然週明けの仕事に支障をきたす。

　温泉からあがって、部屋でゆっくりとテレビを見ているとニュース番組のキャスターが次のようなことを言っていた。「じつは今回の「駐車違反のシステム」には大きな懸念材料があるのです」「ドライバーが車の所有者でない場合、ドライバーが出頭しないときには、車の所有者にその反則金の支払い義務が発生します。その支払いを所有者がしないと車検に出せないなど措置が取られるのですが、この場合ドライバーには何のお咎めもないんですね」「ドライバーは誰かわからないですから違反も無かったこ

とになるし、もちろん減点もされない」「友人に反則金を渡して払ってもらえば、OKになっちゃうんですよね」。

問）あなたが大田氏だとしたら、このような場合どうしますか？

■ケース「駐車違反」①の解説とポイント
使用の目的:

　本ケースは、「ケースメソッドとはなにか？」を説明する冒頭講義で使用する。つまり、まだケースメソッドのことを知らない、もしくはケーススタディとの根本的な違いを説明することが必要な研修の場で、最初に参加者に検討してもらうケース教材である。次に掲載されているケース「駐車違反」②と一組で使用する場合が多い。

本ケースのテーマ:

　このシナリオは、読み手にとって身近なテーマである自動車の駐車違反をテーマとして法令順守の意識を確認してもらおうというものである。ここでのポイントは読み手の法令順守意識の確認ということになろう。主人公の大田が、やむを得ないと思われる駐車違反行為で日常業務が遂行できなくなる事態に直面する。しかし、脱法（もしくは違法）行為を行うことで、それを免れることができる方法を入手するのである。

　このシナリオの意思決定、および行動設計は、多くの場合、「出頭する」と答える参加者の割合が多くなる。企業の管理職研修などでは、その割合が9割以上になることも多い。一方、筆者の本務での講義で、このシナリオを学生たちに対して行うと、なんと4割程度が「出頭しない」と答える。この違いが興味深い。

ケース「駐車違反」②

　関東製薬は、「法令順守と倫理を大切にする企業」として社会から高い評価を受けている。社員は全員入社の際に、倫理研修を受け、その理解度テストで高得点を取らなければならず、毎年、行動基準を守るよう努力する旨の「誓約書」の提出を求められている。違法行為や、法や倫理を軽んじる脱法行為が発覚した際には、相応の処分もある。

　関東製薬のルート営業を仕事にする大田は、久しぶりに家族3人で箱根まで1泊でドライブへ行こうと計画をした。仕事で車に乗る機会が多いため、自家用車をもたない大田は、同僚の川合から車を借りた。10年前のモデルの中古車で来月早々には車検切れになるため、川合は新車購入を検討していた。「好きに使ってくれていいよ。来月には乗り換える予定だし、でも、故障は少ないから安心して」といわれて車を借りてきた。

　翌日は暑いくらいに晴れ渡るドライブ日和であった。国道から海岸沿いへ向かう県道を走っていると、子供が「おしっこ〜もれちゃうよ〜」と騒ぎだした。大田は急いでお手洗いが借りられそうな店の前に車を止め、ハザードを点滅させて子供をつれて店に入っていった。妻もエアコンで冷えたらしく一緒に店内のお手洗いへ。5分後に出てきてみるとフロントガラスに見慣れない黄色のステッカーが貼られていた。「駐車違反」を知らせるステッカーである。

　見回すと、監視員が50メートル先で他の車にステッカーを張っているところであった。監視員を捕まえ、事情を説明すると「私たちは決まりの通りに進めているだけですから。お願いしますね」といって作業に戻ってしまった。大田が困惑するのには、訳があった。あと1点の減点で免許停止になってしまうのである。それは当然週明けの仕事に支障をきたす。

　温泉からあがって、部屋でゆっくりとテレビを見ているとニュース番組のキャスターが次のようなことを言っていた。「じつは今回の「駐車違反

のシステム」には大きな懸念材料があるのです」「ドライバーが車の所有者でない場合、ドライバーが出頭しないときには、車の所有者にその反則金の支払い義務が発生します。その支払いを所有者がしないと車検に出せないなど措置が取られるのですが、この場合ドライバーには何のお咎めもないんですね」「ドライバーは誰かわからないですから違反も無かったことになるし、もちろん減点もされない」「友人に反則金を渡して払ってもらえば、OKになっちゃうんですよね」。

問）あなたが大田氏だとしたら、このような場合どうしますか？

....

....

....

....

....

■ケース「駐車違反」②の解説とポイント

使用の目的：

　本ケースは、ケース「駐車違反」①との1つのセットで使用することを前提に作成された。

　「駐車違反」のケースとほとんど記述内容は同じである。1点異なるのは、第1段落部分に新たな記述内容が追加されていることである。主人公の所属する企業についての経営倫理等の社会的評価に関する情報、主人公がその組織において法令等を順守することとそれを破った場合には処罰を受ける旨の誓約書を書いたことが明記された。第2段落以降は、「駐車違反」とまったく同じ内容になっている。つまり、この第1段落の追加記述によって、意思決定はどのように変化するのかを、その場で明らかにする教材である。

本ケースのテーマ：

　「駐車違反」のケースと基本的なケース構成は同じであるが、上記の追記事項によって聞き手である参加者の意思決定に変化が生じる。

ケース 「過労」

　小泉は、彼の所属する部が中心となって立案したプロジェクトの実行グループの実質的責任者である。常態的に帰宅時刻は夜中で、時には明け方になることもある。帰宅してもシャワーを浴び、着替えてすぐに出社しなくてはならないこともしばしばだ。ここ半年ほど、このような生活が続いている。小泉の妻・愛理は毎晩、4歳になる娘の静を寝かしつけると、小泉が帰宅するまで眠らずに待つように努めていた。静の進路などを相談するためである。愛理は悩んでいた。娘が幼稚園に通いだす来年から、再び働き始めたいと考えていた。そのためには、夫の協力が必要不可欠であった。

　プロジェクト完成への最終日を1週間後に控えたある夜、深夜に帰宅した小泉であったが、ここ数日ひどい頭痛に悩まされていた。歩いていても雲に乗っているような感覚があった。今日の帰宅時間もすでに深夜2時をまわっていた。

　ここ数日、頭痛を押して小泉が無理して出社したのには理由があった。彼の直属の上司・江原常務は、その穏やかな雰囲気と、ものごとを諭すような語り口調もあって、将来「社長」と周りから期待されている。今回のプロジェクトを小泉が担当する際に、江原は「小泉君、こんどのプロジェクトの実行グループリーダーを頼みます。このプロジェクトは、君もよく知っている通り、我が社の威信をかけたもの。しっかり準備をしてお客様を納得させて、ソフト面、ハード面両面とも問題なくすぐに100%稼働できる周到な準備をした上でGOしたいのです。私たちの部門のみならず、全社のため、先方のお客様のために本当に欠かせないプロジェクト。君のようなバランス感覚に優れた人物こそ、このリーダーにのぞましいでしょう。なにがあっても責任をもってやり遂げてくれると信じていますよ」といい、小泉に全幅の信頼と期待を寄せていた。

「グループリーダー」としてのポジションは、小泉のやる気を高揚させた。しかし、プロジェクトの期日が迫るにつれ客先からは、一部仕様についてのシステム変更要請が起こるようになっていた。顧客の要望におされる形で変更を繰り返した結果は、当然、全体システムのバランス変更を強要した。小泉のグループはこの対応作業に追われて、24時間フル稼働していたのである。グループ内は蜂の巣をつついたような状況で、リーダーの小泉が土壇場で休暇をとるわけにはいかなかった。

翌朝、愛理は娘の進路、静が幼稚園に入った後の愛理自身のこと、そして、小泉の体調などの相談をしたかったが、あきらかに小泉の顔色はどす黒く、疲労がはっきり見てとれた。愛理はいままでにこのように憔悴した夫を見たことはなかった。愛理は、小泉に仕事を休むよう懇願したが、小泉はあと数日で山を越えるからといって、いままさに、靴を履き出かけようとしていた。

問1-1 あなたが愛理だとしたら、このあとどうしますか？

問1-2 あなたが小泉だとしたら、このあとどうしますか？

問1-3 あなたの1-1、1-2の行動理由を、社員の責任と家庭責任の視点に留意し説明してください。

■ケース「過労」ポイントと解説

妻（家族）の立場なら、何ができるのか
妻（家族）が、夫のキャリアを中断させる？
妻（家族）が、不調の夫を働かせる？
夫の立場なら、どうするか？
⇒「パターナリズム」的問題
双方の立場で判断した時に、矛盾した意思決定をしたとしたら、それは何故？
過労死・過労自殺について
企業として、何ができるのか

パターナリズム（英：Paternalism）

・立場の強いものが、弱い立場にあるものの意に反して、その行動に介入・干渉することを正当化する原理（『経営倫理用語辞典』より）
・日本語では、父権主義、家父長主義
　などと、訳されている

許される事例としては、未成年者に対しての親の介入など。このケースの場合は？
このケースでは、おもには、
　夫の行動：いままでにない体調不良の様子でも出勤する夫の行動をどう捉えるか？
＊過労で正常な判断ができている？

＊ワーカホリック（仕事中毒）ではないか？
　夫に自己決定能力があるなら、妻の行動は？

過労死・過労自殺
　仕事による過労やストレスが原因のひとつとなって、脳・心臓疾患、呼吸器疾患、精神疾患等を発症し、死亡する（自ら命を絶つ）こと

企業での対応例として
　仕事と生活（家庭）の両立ができる制度の促進（ワークライフバランス）
⇒社内での理解の醸成
　家族は、倫理ヘルプラインに相談できるようになっているか？
（対象範囲に入っているか？）など

新聞記事「クマ牧場」

飼育クマ行き先ない
秋田のクマ牧場　事故で廃業　どうなる27頭

　今年4月、女性従業員2人がヒグマに襲われて死亡したHクマ牧場（秋田県鹿角市）で飼育されていたクマの引受先探しが難航している。廃業を決めた経営者に代わって今は県がクマたちの面倒を見ているが、限界はある。かといって、罪もないクマを殺処分するのは忍びない。残された27頭の運命は。　　（小栗康之）

■同業者経営苦しく　■動物園「雑種」ネックに

　「牧場のクマは人間の利益のため狭い場所に閉じ込められてきた。もう飼えないので殺すなんて、考えられないし、子どもにどう説明するのか」
　同牧場のクマのエサ代などの寄付を呼びかけている自然保護団体「日本熊森協会」の森山まり子会長はこう訴える。
　この事故では、牧場の安全管理を怠るなどした結果、クマが脱走し事故につながったとして、経営者ら2人が九日、秋田県警に業務上過失致死容疑で逮捕された。経営者はすでに廃業届を提出しており、現在は県が安全管理と動物愛護の立場から職員を派遣するなどして、面倒を見ている。エサは同県大館市の病院などが残飯を提供し、なんとか、しのいでいる状態だ。
　県側は日本動物園水族館協会（東京）を通じて、クマの引受先を探しているが、なかなか見つからない。同協会の山本茂行会長は5月、「引受先を見つけるのは非常に厳しい」と指摘。北秋田市のA熊牧場、茨城県日立市のK動物園など五団体が受け入れを検討しているというが、全頭分の行き場所を見つけるのは難しそうだ。
　引受先がない大きな理由は、クマの出自・種類がはっきりしないことにある。一口にヒグマといっても、アラスカ原産のコディアック、北海道原産のエゾヒグマがいるが、Hクマ牧場では区別なく飼育され、「雑種」が多数含まれている。
　「いろいろ鑑定したが、種類がよく分からないのもいる」と森山さんは話す。こうした血筋のはっきりしないクマは動物園での学術的な展示には不向きなようだ。
　全国のクマ牧場の経営がどこも苦しく、クマを新たに受け入れるほどの余裕がない、との事情もある。日本では1958年、北海道登別市に開園した「のぼりべつクマ牧場」が第1号とされ、およそ10カ所ある。かつては人気だったが、最近はどこも客足が遠のいているという。
　県側は秋ぐらいまでは面倒を見る考えだが、それまでに受け入れ先が見つからなかったクマについては殺処分もやむを得ないとの立場だ。

■県費の投入　知事が難色

　森山さんは「県が譲り受けて、クマが自然の中を歩き回ることができる牧場にしてはどうか」と提唱し、秋田で署名活動を行うなどを考えているが、佐竹敬久県知事は否定的。最近の記者会見では「1頭でも2頭でも寿命をまっとうさせてやりたいのが人情だが、クマを生かしておくためだけに県費を何億円も投入することに県民の賛同が得られるのか疑問だ」とも述べている。
　リミットが迫る中、クマの命のために今後、どんな知恵が出てくるか。これから先、この種の牧場の閉園が相次いだ場合は秋田のケースが1つのモデルによる可能性もあり、今後が注目される。

『北陸中日新聞』2012年6月12日付

新聞記事「クマ牧場、その後」

クマに多額県費、首かしげるヒト
受け入れ施設改修に数億円

　ことし4月、女性従業員2人がヒグマに襲われ死亡した秋田県鹿角市の「Hクマ牧場」（廃業）から今月上旬、ツキノワグマが受け入れ先の「A熊牧場」（北秋田市）に移送された。残るヒグマをA熊牧場に移すためには県が数億円をかけて施設改修する必要がある。事故から約7カ月。多額の県費投入に対し、県民の間に根強い疑問の声がある中、県には丁寧な説明が求められる。

◎維持管理費も

　県は7、8日、Hクマ牧場のクマ全27頭のうち、ツキノワグマ全6頭をA熊牧場に運び入れた。残るヒグマ21頭も、来夏までに移送を終える。A熊牧場を所有する北秋田市は、牧場の施設を県の全額負担で改修することを受け入れの条件としている。牧場では現在、ツキノワグマ74頭、ヒグマ1頭を飼育しているが、今のままではヒグマを受け入れるスペースが不足するためだ。

　県によると、改修費は数億円規模。ほかに施設の設計委託費を12月補正予算に盛り込む方針だ。受け入れ後の餌代などの維持管理費についても、北秋田市は県の負担を求める見通しで、県の支出はさらに膨らむ可能性がある。

　残されたクマの所有者は、Hクマ牧場の元経営者。個人所有の動物の保護を目的に多額の県費を投入することに県民からは疑問の声も上がる。

　県民生活課によると、「人の生活も苦しいときに、クマを優先するのか」「一企業の問題に税金を使うのは不公平だ」などといった手紙やメールが寄せられている。

　担当職員は「（金額など）具体的な話が見えてくれば、さらに批判の声が高まるかもしれない」と気をもむ。

◎「丁寧に説明」

　佐竹敬久知事は、5月の記者会見では「動物愛護のためでも、何億円もの県費投入が賛同を得られるか疑問」と慎重な姿勢を示した。

　しかし、県によるクマの受け入れ先探しは難航し、殺処分が現実味を帯び始めると、動物愛護団体や県議会から「殺処分はかわいそう」「県のイメージダウンになる」との声が強まった。軌道修正を迫られていたところに8月、北秋田市から提案があり、県費投入にかじを切った。

　佐竹知事は「（クマを）ただ生き延びさせるだけでは、県民に理解されない」と述べ、受け入れ後のA熊牧場をマタギ文化の学習拠点として活用し、観光振興につなげる考えを強調。だが集客力を上げる方策や学習施設としての具体的な活用策は示していない。

　後付けの理由に県民を納得させることができるのか。県は「これから丁寧に説明していかなければならない」（県民生活課）と話している。

『河北新報』2012年11月16日付

■ ケースの解説

　このケースの解説は、秋田県「Hクマ牧場」の実話がベース（2012年〜）となっている。

　Hクマ牧場で4月、従業員2人がヒグマに襲われ死亡した問題で、残されたヒグマ21頭の受け入れ施設建設を巡る県の苦渋の決断をケース化。

　最終的には、受入れ先に県が3億円負担することで決着。

　佐竹敬久知事は「動物愛護の観点から、扱いを間違うと大変な批判がくる」と県議会を説得。2012年12月21日、「このままでは風評被害で観光にダメージが出る」などとして県議会は全会一致で可決した。

　佐竹知事は環境省に財政支援を要望しているほか、施設の飼育許可基準の厳格化や経営破綻に備えた積立金制度の創設などを求めている。

　ヒグマが入る新施設は自然の地形を生かして電気柵で囲い、高架式遊歩道なども備えた最新の展示方式とする予定。「教育の場、観光資源として活用したい」（県生活衛生課）としている。　（毎日新聞　2012年12月22日）

＊その後、引受先のなかったヒグマについて、日本熊森協会等の活動もあり、秋田県庁が動き、ヒグマ全頭の引受先を確保。終生飼育していくことが決められ、その環境も整いはじめている。

　より詳しい情報については以下のホームページから
【秋田県公式Webサイト】
http://www.pref.akita.lg.jp/www/contents/1358726149177/files/kumaQA.pdf

ケースリード確認書スライド「クマ牧場」

ケース導き方確認書
「クマ牧場」

① ケース配布
- いきわたったか、確認して
- 「いまから5分、お時間を差し上げます」
- 「シナリオを読んで、お自身の意思決定とその意思決定を実現する行動設計をお考えください」

＊この時に時間を計りながら、読込段階か、思考（人によっては記述）段階に入ったか観察する
⇒視線、ペンの走らせ方など
＊5分経過したころに、殆どの人が思考段階にあれば次のステップへ

② 各グループ内で
- 討議の際の留意点を説明
① 「まずは司会役、書記役をお決めください」
② 「グループ討議を通して、統一の意思決定、統一の行動設計を作ってください」
③ 「討議の際には、必ず一人1回以上、自分の意見を自分で、グループメンバーに説明すること」

② 各グループ内で
- メンバーが初対面の場合は「簡単に自己紹介」
- その後、司会役書記役を決めてもらう
- 全てのグループで司会役、書記役が決まるのを見守る
- 自主的になかなかきまらない場合は、
「ジャンケンでもいいですよ！」や、
「携帯電話の番号をすべてたしてもっとも少ない人、おねがいします！！」と方法を紹介する
④「では、いまから20分間、＊＊時＊＊分迄グループ討議お願いします」

③ 各グループの討議をきく
討議を聞く際のポイント：
討議スタート当初：それぞれのグループで発話され始めているかを様子を見守る
討議前半：書記役のメンバーの書く記録を見回りながら確認⇒メンバーの何人ぐらいまで議論がすすんでいるか確認できる

討議後半：書記役の書く手が止まる⇒議論がひと段落。大方針が決まるか、大きな議論の「ヤマ」を迎えている

③ 各グループの討議を聞く
討議の後半：書記役の手が止まったら
「どうですか?どうするかきまりましたか？」と尋ねる
・当該グループの方針を把握する
・頭の中で、ケースのポイントと照合する
⇒どんな発言になるか？
⇒発表時の質問内容の検討
⇒検討が浅いと思われる場合、その場で質問
・その際も「あいづち」や「うなづき」を忘れずに．

③ 各グループの討議をきく

⑤ 残り5分以内で
もし、各グループの議論の大方針が決まっていない場合、5分の延長をつたえる
「なかなか方針がきまらないようにお見受けしますので、あと5分だけお時間延長いたしましょう」

ほぼ大方針が決まっているようなら
「間もなく（あと5分で）時間になります。行動設計などお決まりでないならお急ぎください」

④ 全体討論へむけて

- 各グループから出てくるであろう意見の確認
- ホワイトボードの確認
- マーカーの確認
- 全体討論を終える目安の時間を決める

- 全体討論をはじめることを伝え、話声が止むのを待つ

⑤ 全体討論

- 各グループに発言をうながす
「どこかのグループで、どうするか、発表してくれるところはありませんでしょうか？」

- 板書は発言の要点、概要、キーワードを記述
筆者の場合：
・1字1字しっかり書くより、発表討論の流れを優先
・ケース討論の重要点となるような語句（赤）
・そのグループの発言の重要点（青）　　など

⑤ 全体討論

次の点を意識して質問
- あいまいな表現や語句をつかっている
- より一層具体的にすることが必要な語句
- ケースのテーマやポイントに関する表現・語句

- 発表内容と対峙する意見・内容を伝え、それについての見解・対応案を聞く
- 意見をききながら「うなずく」「相づち」をはっきり
- 2グループ目以降繰り返す

⑤ 全体討論【慣れてきたら】

最初の意思決定と対峙する（反対の立場にある意思決定）意見が出た場合

- 対峙する両意見を尊重しながら、対立点を際立たせることを意識する
岡部の場合：
・両方の意見に対して、強く肯定し支持する表現を使う」
・両方の意見を肯定しながら、他方の意見を否定する

ケース「クマ牧場」ジレンマ問題の場合

・27頭のクマを殺処分してもよいか？

・公費を投入しても保護すべきか？

両方の意見に対して、強く肯定し支持する表現を使う

例えば

- クマの殺処分やむなし⇒「涙を呑んで！確かにそうですね！！これ以上、税金をかけることはできません。」

- 動物愛護⇒「おっしゃる通り！！人に利用されて都合が悪くなったら殺処分では。人も動物も大切に」

一方の意見を肯定しながら、他方の意見を否定する

殺処分すべし：
「誰も好き好んで殺したいのではない！！税金はかけられないし、クマを助けて、また万が一が起こってしまったら。やむなしですよね。」

クマ命！：
「おっしゃる通り！人もクマもおなじ生き物。お金で済むことならなんとかしたい。」
「生態系や生物多様性を考えればおろそかにできないはず」

質問例 「殺処分する」へ

質問：
① 「人もクマもおなじ生き物なのでは？」

② 「生物多様性を考えたら、おろそかにできないのでは？」

質問例 「動物愛護」へ

質問：
「血税をクマのためにつかうのですか？ 生活保護を受けて、質素に暮らしている人に1円でも多く還元する方がよいのでは？」

「そんなに動物が大切ならば、あなたがお金と施設を出せばよいのでは？」

線引き問題の場合

- 希少種は保存すべきだ！雑種はかわいそうだが処分すべき、これは「種の保存」の意味もある

- どのような熊であっても、保護されてしかるべき

こまったことへの対処例

- よくしゃべる人がいる
- リーダーと特定人物だけのやり取りになる
  基本的には、要約しながら最後まで聞く
→度々なら、やさしく、手でさえぎり、微笑みながら
「他の人の意見をききましょう（にこ！）、ちょっとおまちくださいね」
⇒ここで、グループワークの際に個人意見を把握しておくことが役に立つ
⇒反対意見や第三の意見を持つひとにふってみる

第Ⅱ部　ケースメソッドのケース教材

ケース　「わんわん動物公園」A

　多くの伝統的な日本犬を飼育し、子供たちへの身近な情操教育の場として、まいど市の市民たちに親しまれてきた「わんわん動物公園」が廃業した。終戦直後に創業し、市民娯楽の代表として親しまれてきた同園は、まいど山のふもと、市の中心から車で45分に位置している。廃業時には、柴犬や秋田犬などの300匹の日本犬が飼育されていた。市では、もともと廃業が取りざたされ始めた頃に「わんわん動物公園」の買い取り市有化を進めたが、市議会の採決で、わずか2票差で否決された。

　まいど市職員の岡部は、この「わんわん動物公園問題」を担当している。市長からは本年度中に最終決着するように命を受けていた。

　まいど市では、TV局の力を借り、岡部も自ら画面にでて訴えかけ、これらの犬の貰い手を広く募集した。また、ホームページでも同様に広く働きかけをしたところ、国内外から里親希望者が現れた。岡部の人柄も手伝ってか、子犬や純血種などの犬たちが多く貰われていき、ようやく100匹まで減らすことができた。どうしてもここまで決まらなかった100匹を調べたところ、雑種や、怪我の後遺症・先天的なハンデがある犬、それに、飼育時にひどい目にあったのか「人になつかない犬」ばかりが残っていた。

　あくる朝、岡部が朝のニュースを見ているとびっくり。市役所の前に「犬を殺すな！！」「人のエゴ！！犬は被害者」などの看板をもった市民や欧州に本部をもつ動物愛護団体メンバーが集まっていた。また、その様子を地元TV局のみならず、BBCやCNNなども取材にきており、犬問題の行方を巡って市役所前は騒然としていた。岡部が登庁すると市長に呼ばれた。
市長：「岡部くん、年度末まで1カ月だ。なんとかなりそうかね？」

岡部：「あと100匹、いやなんとかがんばります」
市長：「しかしね、100匹は無理だろう。君もやるだけのことはやったと思うよ。もういいだろう。表のデモは関係ない。来年度はもう、税金を犬に使うわけにはいかんよ」

問）あなたが岡部ならば、このあとどうしますか？

ケース 「わんわん動物公園」B

　まいど市職員の岡部は、「わんわん動物公園問題」を担当している。市長からは本年度中に最終決着するように命を受けていた。

　ある朝、岡部が朝のニュースを見ているとびっくり。市役所の前に「犬を殺すな！！」「人のエゴ！！犬は被害者」などの看板をもった市民や欧州に本部をもつ動物愛護団体メンバーが集まっていた。また、地元TV局のみならず、BBCやCNNなども取材にきており、犬問題の行方を巡って市役所前は騒然としていた。岡部が登庁すると、市庁舎前では、「犬の味方！岡部さん！」という歓迎の声援が飛んだ」。岡部は市長に呼ばれた。

市長：「岡部くん、あと1カ月で年度末だ。なんとかなりそうかね？」
岡部：「あと100匹です。市長、四半期だけなんとかなりませんか」
市長：「君もやるだけのことはやったとおもうよ。もういいだろう。表のデモは関係ない。来年度はもう、税金を犬に使うわけにはいかんのだよ」

　多くの伝統的な日本犬を飼育し、子供たちへの身近な情操教育の場として、まいど市の市民たちに親しまれてきた「わんわん動物公園」が廃業した。終戦直後に創業し、市民娯楽の代表として親しまれてきた同園は、まいど山のふもと、市の中心から車で45分に位置している。廃業直後、柴犬や秋田犬300匹の日本犬が飼育されていた。市では、もともと廃業が取りざたされ始めた頃に「わんわん動物公園」の買い取り市有化を進めたが、市議会の採決で、わずか2票差で否決された。

　まいど市では、TV局の力を借り、岡部も自ら画面にでて訴えかけ、これらの犬の貰い手を広く募集した。また、ホームページでも同様に広く働きかけをしたところ、国内外から里親希望者が現れた。岡部の人柄も手伝ってか、子犬や純血種などの犬たちが多く貰われていき、ようやく100

匹まで減らすことができたのであった。どうしてもここまで決まらなかった 100 匹を調べたところ、雑種や、怪我の後遺症・先天的なハンデがある犬、それに、飼育時にひどい目にあったのか「人になつかない犬」ばかりが残っていた。

問）あなたが岡部ならば、このあとどうしますか？

ケース 「恋人の聖地」

　百万石総合病院は、人口3万5000人の「五郎島町」に位置している。しかし、北陸最大規模の都市「百万石市」に面しているため、この都市圏一帯の医療の中核を担う高度医療機関として認知されている。しかし、近年、若手医師の確保に頭を悩ませており、このままでは将来的に地域医療の質を保つことがきわめて困難になっていた。同病院の事務局長である金沢太郎はこの状況を何とかしようと若手医師のための「臨床教育センター」の建設を計画した。鉄筋8階建て高さ26メートル、延べ床面積は5000平方メートル弱になる。

　一方、同病院の隣には、「道の駅　百万石サンセットパーク」がある。そこから見える「百万石潟」の夕方の眺望は美しく、「恋人の聖地」としてNPOの認定を受けていた。その経済効果は大きく、町の知名度を一躍全国レベルにまで押し上げた。その結果、ここ数年で町の財政は潤い、来年度から大幅な町民税減税が予定されている。

　「臨床教育センター」は、この「道の駅」のすぐ隣に建設される。そのため、あらゆることに細心の注意を払い計画を進め、町や地元住民への説明も頻繁に行った。地元住民からは「周囲の環境に調和した外観・色彩に十分配慮する」よう要望がだされた。そして、町の都市整備部から「景観を絶対に損なわないように」と要望が出されたうえで「この建設は、法的に問題はない」との見解を得るに至ったのである。

　しかし、いよいよ完成まで3カ月となったある日、病院事務局に町の都市整備部の担当者と隣の駅長が一緒にやってきた。

　町の担当者：「町にとってもおたくのこの建物は重要だということは理解している。だが「道の駅」の眺望も、「町の財産」です。鉄骨が組みあがって景観を邪魔しているではないですか。事務局長！　景観は絶対に損なわないようにお願いしたはずです。恋人の聖地の認定が取り消されたら

どうするつもりです？」

駅長:「あんたらが言ってた「なんとかセンター」が完全にうちの展望台からの眺望を遮ってるじゃないか！」「うちの道の駅には、わざわざ遠くから足を運んでくださる若い観光客がたくさんいるんだ！　なんとかしてくれ！」

　もう、すでに、鉄骨は組み上がり、工事は順調に進んでいる。金沢は考え込んでしまった。

問）あなたが、この事務局長なら、このあとどうしますか？

ケース解説
町側
　眺望は、町の財産
　NPOからの「恋人の聖地」認定を受けている

大学病院側
　外観と色彩を景観に配慮したものにする

顛末
　大学病院側の計画通りに進行
　いまのところ、「道の駅」からの来場者数や売り上げに関する情報公開はない
　道の駅駐車場からの景観は、建物によって遮られたとみることもできる

本ケースのポイント
　まず、この事例は「法令上、問題がない」
　・建築関連の法制上
　・行政からの許認可関連
　・地域住民への説明も事前にしていた
　そして、県の許可もある

　結果として、建築が進むに従い理解の相違がみられるようになっていった。町側は……。

ケース 「緊急対応」

　金沢は、会社からの電話を取った。

　「この大変な時になにしてるんだ。テレビ見てないのか！！」上司の石川部長の声だった。

　「な、なんです、いきなり。どうかしたのですか？」「電車が脱線事故を起こしたんだ」

　金沢は「おおきに電鉄」につとめる入社6年目の社員である。年末の12月の週末ではあったが、久しぶりに「同期入社5人組」の休みが合い、忘年会を楽しんでいるところだった。会場は、「まいど駅」前の居酒屋。金沢、西村、山田、藤沢、岡部の5人は、日ごろの激務でストレスがたまっていたのか、いつもよりも忘年会が盛り上がる中で、金沢は電話を受けた。
「え！　事故！　どこで、ですか？」
「金沢、おまえいまどこにいる？」
「まいど駅前の居酒屋です。同期の5人で、忘年会中なんですが」
「そんなの中止しろ！　現場はそこから徒歩10分くらいの「まいどトンネル」内だ、ともかく人手がいる状況のようだ。情報では、けが人もかなり出ている。おれもいま車で向かってるところだから、すぐ来てくれ」

　石川が現場につくと、思っていた最悪よりはひどい状況ではなかった。しかし、けが人は重軽傷者合わせると相当数になることは容易に予想できた。すでにマスコミも多数来ており、それによって騒然とした状況である。そこに、ちょうど金沢たち5人がやってきた。「部長！」、まだ金沢たちは現場を確認していないようだ。

　話してみると確かに、金沢たち5人全員、酒のにおいがしている。金沢

は酒のにおいはするが意識はしっかりしているようだ。顔色も、夜の暗い中では平常通りに見える。西村も意識はしっかりしているが、顔色は夜目でも赤いのがわかる。山田も意識はしっかりしているものの、事故と聞いて泣いている。しかし、泣き続けてはいるものの顔色は平常と変わっていない。藤沢は走ってきたせいか、気持ち悪そうにしており、顔が青い。しかし、事故と聞いて居てもたってもいられず救助作業のために一生懸命現場に来たという。そして、岡部は、いつもは飲まないのだが、忘年会ということでビールをグラス1杯だけ飲んだ。しかし、見るからに酩酊状態に近い。本人は1杯しか飲んでないので、すぐに抜けると「酔っぱらいのたわごと」のようにいい続けている。金沢に聞くと本当に岡部は1杯しか飲んでいないという。

問）あなたが石川なら、この5人の社員を救助作業に投入しますか？　それぞれの人物について、指示を考え、その指示を決した理由を、それぞれ述べてください。

....

....

....

....

....

■ケースの解説

　本ケースは、非常時の事故処理、乗客整理などの仕事をどのように対応していくか、ということの意思決定を迫るケースである。交通機関や公益企業において検討されているケースでもある。

　このケースを用いたディスカッションの要点として、
　・客への説明責任
　・事故現場の安全性確保
　・自社の評判
など、考えて、飲酒している社員を動員するのか、しないのか。もし、「動員する」のなら、どの程度までゆるされるのか、が議論のポイントとなる。この点を言及させるように導きたい。

　参考までに、企業研修において出たこのケースに対する意見を紹介しておく。
　ある電機メーカーのCSR担当者からは、
　「例えば、工場などの火災があった場合などを想定するならば、酒気をおびている者を動員することはありえない」
という意見があった。反面、あるインフラ企業は、
　「まずは各地にある支店や営業所などがローテーション対応にあたる」
こととなるという意見があった。

導き方のポイント

このケースは、2段構えで議論を進めると効果的である。1つは「この非常時、酒酔い状態の社員を動員するか、しないか」のジレンマ問題として問建てをする。

2つ目は、もし、動員するならば、ここに登場する5人の社員のだれを動員するのか、またしないのか。その理由を挙げることである。つまり、「線引き問題」としての検討も進めるのである。

参考までに以下のような表を作成し、議論を進めるとわかりやすい。

例)

氏名	金沢	山田	藤沢	西村	岡部
投入する?	○	×	×	○	×
理由	意識はしっかりしているので	泣いており正常な判断が？	顔が青いのは平常ではない	見た目だけ問題なし	酔いが酷い平常の動き不能

注意)上記の表はあくまで例であり、正解や最適解ではないので注意(活用例に過ぎない)

ケース「小さな親切」

　百万石銀行まちなか支店は江戸時代の城下町の雰囲気を残す町の中心部にある。明治維新からほどなくして創業した百万石銀行は、「サービス付加価値日本一」を合い言葉にここ数年間顧客満足向上に努め、全国的にも「おもてなしのこころをもつ金融機関」として評価され始めていた。まちなか支店を訪れる顧客は、古くからこの町に住む名家やご高齢の方が多く、徒歩や町のコミュニティバスを利用して来店する方がほとんどである。コミュニティバスの停留所は店舗から見えるが、交通量の多い大通りの横断歩道をはさんだ反対側にあった。

　雨が降り続く梅雨空を見つめながら、百万石銀行の金沢太郎まちなか支店長は考えごとをしている。まちなか支店の古くからの取引顧客で、百万石銀行創業時からの大口株主でもある「前田工業」の前田社長から、ある苦情が寄せられた。

前田：「あんたのところの窓口担当の石川というやつが、突然、目の前で私の通帳や印鑑をそのままにして、窓口を離れて外にでていってしまったんだ。私の他にも大勢、店内で待たされている客が居たのにだ。金融機関としてコンプライアンス（法令等順守）上、セキュリティ上、大いに問題ではないのか？」

　金沢は石川に確認をした。

金沢：「前田さんのいうように確かにコンプライアンス違反だし、セキュリティ上も問題だろう」

石川：「ただ、あの時は急に雨が激しくなって。3歳位のお孫さんらしき子を連れたおばあさんが、両手に荷物をもって、向かってくるバスへ乗ろうとバス停へいそがれたのです。そのとたんに横断歩道上でその子が滑って転んで……、横断歩道の信号は点滅し始めるし……、その様子がガラス越しに見えて……手をお貸しせずにはいら

れなかったんです」

問）あなたは百万石銀行でコンプライアンスと顧客サービスを担当する取締役です。石川の処遇について、何らかの罰を与えますか？ 与えませんか？
その理由もあわせて記述してください。

（どちらかに、丸を付けてください）

　　　処　罰する　　　　　　　　　　処　罰しない

その理由：
_____
_____
_____

「処罰する」を選択した場合、その処罰の重さは？ どちらかといえば（どれかに、丸を付けてください）

重い処罰　　4　　　　　　3　　　　　　2　　　　　　1　　軽い処罰

その理由：
_____
_____
_____

■ケースの解説

　このケースはコンプライアンス、つまりルールと人命救助の対立という悩ましいケースである。本来は、人命救助は称賛されるべき行いでありこそすれ、罰せられるということはありえないと考える立場と、決められたルールそれも、お客様の財産に大きな毀損をきたす事態を招きかねないような状態を引き起こしたと考える立場とのジレンマである。

罰するべきと考える理由は

　　仕事を放棄している
　　周りに一声かけるという手段が取れた
　　そんな理由にせよ、ルールを外れた問題行為だから

という理由が多くを占める。

一方の処罰しないという理由は

　　人の命とお金なら、人の命が当然重い
　　親切から出た行動
　　何の問題もない
　　社のキャッチフレーズに従っただけのこと

という意見が出やすい。どちらも「正しい」と思われることが相反しジレンマとなるケース教材である。
　しかし、ひとたび「罰する」とした次の瞬間から、どのくらいの

> 量刑に処すべきなのかという「線引き問題」になる。なぜその罰の量刑なのか。それを納得できるように線を引かねばならないのである。

ケース「ソーラーブラインド」

　主人公は、バッテリー会社「スマートシステム電器産業」に勤務する技術者・真田智也である。スマート電器では、太陽光発電の業界に進出して屋外型ソーラーパネルの制御ユニットを安価に小型化する技術開発に成功する。一方、ソーラーパネル会社「クロスサイドエレクトロニクス（CSE）」は高効率の薄膜型太陽電池の開発に成功する。そして、その新技術を活かすために、一般家庭で使用されるブラインドにソーラーパネルを組み込み、簡単で安価な屋内での太陽光発電を実現するプロジェクトを企画する。そしてブラインド会社「TANAKAブラインド」と、スマート電器に対して共同開発をもちかける。スマート電器は、このソーラーブラインドの制御ユニットが担当であった。この話を受けて、スマート電器では真田をリーダーとして開発チームが編成される。ドラマには、この他に、真田の上司である石川、先輩の細谷、後輩の金城、そしてCSEの担当者・渡辺などが登場する。

　ドラマのストーリーは、上記3社の担当者によって最初の企画会議が行われるところから始まる。その会議に、スマート電器からは真田と石川が参加する。なお、会議後には2人で居酒屋に行き、製品開発への意気込みを語り合う場面がある。そして、この会議以降、各社で製品開発が始まり、1年後の春に試作品が完成する。それとともに東南アジアの工場で生産ラインがつくられ、秋の発売に向けた量産体制が整えられていく。しかし、夏になって、東南アジア工場で使用していた試作品の制御ユニットが異常発熱し、現地の従業員が軽いやけどを負うという事故が発生する。そのため、CSEの渡辺は石川に調査を依頼し、石川は真田に検証を求める。

　真田は、さっそく細谷や金城とともに原因の究明に乗り出すが、そもそも問題が再現せず、原因も不明の状態が続く。こうして報告期限を迎えてしまい、石川は「問題なし」という報告書を真田に作成させて、それを

CSEの渡辺に提出する。しかし、真田はこの対処に問題を感じて独自に検証を続け、やはり何らかの技術的問題が存在することを確認する。真田は、この問題を細谷に相談するが、報告書の提出後であることを理由に、自分たちだけで秘密裏に処理することを求められる。また、真田は問題を隠すことはできずに石川にも相談するが、石川は製品発表の直前であることを理由に対応に難色を示す。ただ、真田はこの対応を社内会議で検討するよう石川に求め、石川はそれに応じる。しかし会議後の石川の報告によると、会議の結論もやはりこのまま製品化に踏み切るというものであった。その後、CSEでの製品発表に向けた調整会議が開かれ、真田も石川とともにこの会議に臨む。

○メインタイトル『ソーラーブラインド』
●登場人物紹介及び状況設定
・スマート電器機産業株式会社（バッテリー会社：日本の中小企業）社員

　真田：28歳　性格は優しいが、周りの空気に流されやすく優柔不断な一面もある。上司とは仲が良いが、先輩は苦手

　石川：42歳　普段は優しく明るくほのぼのとした中年男性だが、問題が起きた時にはとたんに不機嫌になる側面も。妻と子供がおり、不景気の中で思うように昇給せず、生活に苦労している。さらに、妻は娘に小学校受験をさせようとしており、金銭的なプレッシャーをもつ。私生活に意識がいっており組織や部下の問題がいまいち見えていない。近年の技術開発が実を結び、その技術を宣伝することで、今回のプロジェクトを実現させることに成功した。それにより、やっと生活が安定するのではないかと期待している。

　金城：23歳　性格は真面目で明るいが、入社1年目ということもあり、仕事で積極的に責任を負うような態度は見られない。どのような行動がふさわしいか

判断できる力はもっているが、自ら率先して実行して責任を背負うようなことはしたくない。

細谷：32歳　やせていて、神経質な性格。最近、体調を崩していた。制御プログラム担当。主人公に対して高圧的。自分の仕事に自信をもっている。

CSEコーポレーション（ソーラーパネル会社：外国の大手企業）
　担当者（2名）30代のエリートっぽい技術者（日本人、渡辺）と、外国人の中年男性の管理職

TANAKAブラインド（ブラインド会社：ブラインド製造の日本企業）
　担当者　2名、50歳前半の明るい性格の中年男性（田中）と、20代後半の若い女性部下

1　クロスサイドエレクトロニクス社（CSE社）・表《春》
　外資系の太陽光発電関連企業らしい表廻りに真田（28）と石川（42）が来る。
　真田　「（英語の挨拶をブツブツ言っている）」
　石川　「（笑いながら、真田の肩をたたき）真田行くぞ！」

2　同・会議室
　薄暗い会議室、CSE担当者・渡辺がパワーポイントでソーラーブラインドの製品企画を説明している。他の参加者はCSE社の欧米人の男性とTANAKAブラインドの田中と部下の女性、スマートシステム電器産業の石川と真田（紹介テロップ）。
渡辺：「今回、スマートシステム電器産業さんとTANAKAブラインドさんに技術提供をいただいて共同開発するこのソーラーブラインドは、これまでの戸建て住宅のみをターゲットにしてきた、「屋外型太陽光発電」と違い、窓さえあれば、戸建・マンションを問わず、大掛かりな工事も不用で、屋外型に比べてかなりの低価格という画期的な製品です。」

第Ⅱ部　ケースメソッドのケース教材

　　とくに、これまで、太陽光発電の導入をあきらめていた都市部のマンション住まいの方に対してはその設置の手軽さを、強くアピールできる商品となります。
　　このソーラーブラインドの本体は、ソーラーパネルを組み込んだブラインド部と、コントロール・ユニットからなります。
　　電源としてはコントロール・ユニットのバッテリーがメインになりますが、それに加え、家庭用コンセントからも電力を取り入れるハイブリッド方式を採用します。そのため、安定した電力供給が可能になります。
　　このブラインドは連結可能で、大きな窓では連結することで、発電量を増やせます。
　　ブラインドは設定によって自動制御されます。
　　例えば、不在モードのときは、人感センサーで不在を感知し、発電量が最大になるようにブラインドの角度を自動で調整します。
　　実売価格として、8万円。
　　まずは、日米欧の市場に投入し、さらなるコストダウンを実現し、将来的にはBRICs諸国にも販路を拡大していきたいと考えています」
説明が終わる。スライドには「マンションでもソーラーエコライフ」の文字。

＊　　　＊　　　＊

説明が一通り終わり雑談になっている。
渡辺：「ブラインド部分はTANAKAブラインド社さん、コントロールユニット部はスマート電器さんの技術協力なしでは、この製品は完成しません、宜しくお願いします。」
石川ら：「はい」
田中：「ブラインドが勝手に動いて発電する時代になるとはねえ。石川さん」
石川：「世の中、どんどん技術は進んでいますからね。もちろん、なによりCSEさんの技術力のおかげです」
渡辺：「それに、スマート電器さんの低コストのバッテリーと昇圧器の小型化技術があれば実現できるはずです」
石川：「ありがとうございます。絶対成功させましょう！」

3　居酒屋・店内（夜）
　机の上に、半分ほど飲んだビールがある。石川が携帯でメールをしている。
石川：「それにしても、あぁいうところは肩がこるなぁ」
真田：「そうですねー、ほんとお疲れ様です」
　石川が疲れた様子でビールを一口飲み、続いて真田も飲む。メールの着信音がなる。
石川着信音「（娘の声）パパー、めーるがきたよー」（段々大きくなる）
　石川が、周りの目を気にして、急いで切る。
真田：「娘さんですか？」
石川：「（メールを見ながら）そ、そうなんだ」
真田：「そろそろ小学生でしたよね？」
石川：「あぁ、妻がお受験を考えていてね。ローンもこれからだというのに（携帯をしまいながら）それより、これから来年の夏の発表まで、1年半程……もっときつくなるぞ」
真田：「はい」
石川：「とくにコントロールユニットの昇圧部分をあと30％は小型化する必要がある」
真田：「ええ、明日から始めます」
石川：「それと、今回先輩の細谷でなく、お前にチームリーダーを任せたのは、お前に成長して貰いたいということだ。期待してる！」
真田：「はい！　精一杯やらせていただきます」

4　コントロールユニットの試作品を作る真田たち（製作室の窓外より）
　桜散る中、ホワイトボードの回路図を見ながら熱く討論している真田たち。
金城：「ここの回路、けっこう熱くなる可能性がありますよね。どう回すのがいいんでしょうか」
真田：「万が一もあるから、排熱もきちんと設計しとかないといけないなぁ、でもコストを考えて…」

　　　　　　　＊　　　　＊　　　　＊

台風の夜、遅くまで作業している真田たちを夜警の人が気遣う。
守衛：「今日もですか。お疲れ様です」
　基板のハンダ付けをしていた、真田と金城が会釈をする。
＊　　　＊　　　＊
　枯葉の舞う中、真田たちのところへ細谷と吉田が来ている。
細谷：「モードが頻繁に切り替えられるようなことがあっても大丈夫か」
真田：「一応、安全には設計してあります」
細谷：「一応じゃ困るだろう、しっかりやってくれよ」
真田：「すみません、いや……大丈夫です」
　不満そうに2人を見つめる金城。
＊　　　＊　　　＊
　雪の降る夜、組立て作業などをしている真田・金城。
＊　　　＊　　　＊
　桜の咲く中、ブラインドに日光が当たり、扇風機が動いているのを喜ぶ真田・金城・石川・細谷・吉田。
石川：「(満足げに) 一応これで、目処が立ったな」
細谷：「いけそうですね」
真田：「この1年間、がんばった甲斐がありましたよ」
金城：「いい感じですね」
吉田：「後の課題はバイメタルパーツか……」
＊　　　＊　　　＊
　日めくりカレンダーが舞っている。

5　スマートシステム電器産業・製作室　《夏》

　金城が作業をしている。そこに手に資料をもった真田と細谷、吉田が入ってくる。
真田：「金城さんも聞いてください。CSE社の東南アジア工場で、うちが納品した試作品のコントロール・ユニットが不在モードで作動中、異常発熱し、それを触った人が軽いやけどを負ったそうです」

みんな驚いて、不安そうな顔をする。
真田：「ブラインドを10個連結して使用していたとのことですが、はっきりした
　　　ことはまだわかりません。高温多湿な環境が原因で、配線かバッテリーに
　　　問題が生じた可能性があります」
細谷：「そのほかに考えられる原因はあるのか？」
真田：「まだはっきりしたことは」
細谷：「早急に調査して報告する必要があるな」
真田：「はい、細谷さんと吉田くんはプログラムコードにバグがないか、再チェッ
　　　クしてください。金城さんはぼくと一緒に回路の調査をお願いします」

6　真田たちと細谷たちのチェック作業（設計室と製作室）
○真田と金城が図面を見つつ基板を一つひとつテスターでチェックしている（製
　作室・夕方）
○細谷と吉田がパソコンに向かいプログラムをチェックしている（設計室・昼）
○真田が作業の途中寝ている金城を気遣う（製作室・夜）
○パソコンに向かう細谷と吉田（設計室・夕）

7　スマートシステム電器産業・製作室
　真田と金城が検証作業を続けている。
金城：「これですべてチェックしました。回路的な問題点は、なさそうですね」
真田：「細谷さんのところでバグがあるのか、ブラインド部分の問題か、あとある
　　　とすれば部品の質の問題か、でも報告書には不明とまとめるしかないよな、
　　　もう少し日数があればな」
金城：「仕方ないですよ。明後日が期日ですから正直に報告しないと」

8　同・設計室
　細谷と吉田のところに歩み寄る真田。
真田：「手がかりは見つかりましたか？」
吉田：「見つかりませんねぇ」

細谷：「（不機嫌そうに）こっちにはなにも問題がないから、そっちに問題があるんじゃないか？」
真田：「……」
細谷：「早く問題点を見つけてくれよ」
真田：「すみません。ただ、こちらにも問題点は見つからないんです」
細谷：「プログラムが悪いと言うのか？」
真田：「そういう訳ではありませんが……」
　細谷、イライラが募ってくる。
細谷：「しっかりしろよ、リーダーだろ！」
真田：「（何か言いかけるが）すみません（と言い出ていく）」
　ドア付近で2人の話を聞いていた石川が来る。
石川：「あいつ、最近疲れてるんだ、許してやれ」
細谷：「彼はリーダーですから！　今は無理をしてでも成長しないといけない時ですからね。多少のストレスは必要でしょう」
石川：「まあな…手掛かりは見つかったか？」
細谷：「プログラムに問題はありません。真田の方はわかりませんが」
石川：「早く問題点を明らかにしてくれないと、先方に報告できなくて困るよ。まったく」
細谷：「私の方は、明日にでも報告書をあげてしまいます」
石川：「助かるよ」
と自席に戻る。

9　同・屋上の休憩場所
　報告書を読み直している真田、最後にはグシャっと丸めてしまう。
真田：「これじゃあ、やはりゴマかしだ、明日調査期日の延期を相談しよう」

10　同・設計室（夜）
　真田が石川の様子をうかがっている。
　退社準備を始めた石川に、真田が歩み寄る。

石川：「手こずってるのか？」
真田：「はい……」
石川：「細谷の報告書では、プログラムに問題はないということだが、やはり回路の問題か？」
真田：「もしくは、ブラインドのほうの問題ということはないでしょうか。仕様書通りだとしたら、異常な発熱などは起きないと思います」
石川：「証拠はあるのか？」
真田：「ありません」

石川はやや不機嫌になる。

石川：「やはり、回路の問題だろう。早く問題点を見つけてくれよ」
真田：「今回は、製品化に向けて大幅にコストカットしています。その分、部品なども質を下げています。もしかしたらそれが問題かもしれません。信頼性の高いものに替えたら」
石川：「（話を遮り）そうすると、コントロール・ユニットは一回り大きくなるだろう。価格のほうはどうなるんだ？」
真田：「少なくとも２万円は上がります。それに、発売の時期も延期せざるを得ないでしょう。ただ、それで高温多湿で絶対安全かといわれると……」
石川：「１０万円……売れなくなるだろ」
真田：「……」
石川：「原因は、高温多湿にあるということははっきりしているのか？」
真田：「それも正直なところ……」
石川：「問題は再現したのか？」
真田：「サウナのような条件下なら、回路はショートしてしまいましたが、もう少し日数をかけてチェックできれば」
石川：「まったく……、渡辺さんになんて伝えたらいいんだ、今日もメールが来てたんだぞ。外資系の中でもあの会社は、とくに納期にはシビアなんだ」
真田：「しかしこれは、先方に正直に報告して、期日を延ばして厳密に調査したほうがいいのではないでしょうか」
石川：「正直って、わかりませんってことを正直にか？　それとも、証拠もなく、

　　　　渡辺さんの方に問題があるんじゃないですかってか？」
真田：「ですが……」
石川：「（話を遮るように）とりあえず、適当な理由をつけて現状で問題ありませ
　　　んと報告しておくしかないな。しかたがないだろう。今晩中に報告書を仕
　　　上げておいてくれ。今日は娘の誕生日で早く帰らないといけないんだ」
と石川は足早に退出する。

11　同・設計室
　真田が石川の机に歩み寄る。
真田：「（元気なく）報告書です。よろしくお願いします」
石川：「お疲れさま」
　石川は淡々と報告書を受け取る。

12　同・製作室（夜）
　真田が入ってくる。
　検証のため設置してあったコントロールユニットに接続してあるオシロスコープの波形が乱れているのを、発見する。
真田　「これは……」

13　同・製作室（朝）
　金城が出勤して来て真田に気づく。
　真田は徹夜明けで疲れきっている。
金城：「真田さん、おはようございます。今日も泊まりですか？（少し間が空いて）
　　　何かあったんですか？　手伝いましょうか？」
真田：「……いや、大丈夫だ」
金城：「わかりました（何かいいかけるが、出て行く）」

14　同・屋上の休憩場所
　真田とタバコを吸う細谷が話をしている。

真田：「実は、不在モードの時に、極めてまれですが、問題が生じる可能性があるのではないかと思います」
細谷：「は？　それは確かなのか」
真田：「条件をそろえるのがむずかしいので、再現はできていないのですが……昨日の晩、突然、電圧の変換部分で波形の乱れが生じました」
細谷：「それは、回路の問題じゃないのか？」
真田：「そうですが……」
細谷：「じゃあ、お前の問題だろ」
真田：「そうなんですが……どちらの問題ということは言えないと思います。それに、設計を見直すにはコストがかかりますし、発売も延期になってしまいます。難しいとは思いますが、とりあえずはプログラムだけで対処する方法を探ってみるのがいいと思うのですが……」
細谷：「いまさら何だよ、まったく。わかった、もう問題はなかったと報告してあるんだ。石川さんは、先方との関係で本当に苦労してるんだ。俺らだけでどうにかしよう。なんとかして、製品化の前に書き換えておく」
　細谷が戻って行くのを、不安げに見送る真田。

15　同・設計室（夜）
　金城があいさつをして設計室を出ていき、設計室の中には真田と石川が２人きりとなる。石川が欠伸をしながら退社の準備を進めている。
石川：「（欠伸をしながら）今日も残業か？」
真田：「え、あ、はい」
石川：「もう、渡辺さんには問題なかったと報告しておいたよ。お前も今日は早く帰れ」
　真田が緊張しながら石川に近づく。
真田：「実は今回の問題のことですが」
石川：「そのことにはこだわるな。３週間後はもう製品発表だ」
　一瞬、真田の表情が曇ったあと、意を決したように発言する。
真田：「問題を解決しないまま製品化すべきではないと思います。来週の社内会議

で延期を検討すべきではないでしょうか」
石川：「はぁ！？　じゃあ、ちゃんと解決してくれよ！　もう製品を発表する段階なんだぞ。そんなこと言えるわけがないだろ」
真田：「でも事故があってからでは……。実は昨日、一度だけ電圧の乱れが生じました。もしかしたらこれが発熱の原因なのかもしれません」
　石川は不機嫌な顔をしたまま答える。
石川：「なに？　発熱はしたのか？」
真田：「いえ、そこまでの確認はできていません。ですが……」
　石川が口をはさむ。
石川：「万が一があるのはしかたがない。何があっても問題の起こらない機械なんてないんだ」
真田：「……」
石川：「それに今そんなことをいったら会社の経営にどんな影響が出るかわからないぞ。それだけの責任を君は取れるのか？」
真田：「ですが……」
石川：「わかったもういい！　来週の社内会議で相談してみるから」

16　同・製作室前廊下

　社内会議が終わった石川他重役たちが会議室から出てくる。真田が石川に近づく。
真田：「石川さん話していただけましたか？」
石川：「あぁ（あえて何も言わない）」
真田：「で、どうなったんですか？」
石川：「（開き直った感じで）あぁ、延期はしないことになったよ」
真田：「えっ！？　どうしてですか！？」
石川：「会社が決めたことだ」
真田：「どうして！　やっぱりよくないですよ！！」
石川：「（真田の言葉をさえぎって）いいんだよ！　決まったことに口を出すな」
　金城が製作室の中でそのやりとりを聞いている。

17　同・食堂・喫茶コーナー
　スーツ姿の真田が悩んだ顔してコーヒーを飲んでいる。
　作業服姿の金城が近づいてきて隣に座る。
　金城は真田の様子をうかがいながら切り出す。
金城：「真田さん、やっぱり何か問題があったんですよね？」
真田：「……」
金城：「重要なことなんでしょう？」
真田：「いや、よくわからないんだ」
金城：「もし不安な点があるなら、発表を延期するべきではありませんか？」
真田：「いや……」
金城：「皆頑張ったけど、真田さんが一番苦労したじゃないですか、解決してから
　　　製品化すべきですよ！」
真田：「……」
金城：「事故が起こってからじゃ遅いですよ」
真田：「……」
金城：「自信もって発表したいじゃないですか、技術者として」
　入口の方から身支度を整えた石川が呼びかける。
石川：「真田、そろそろ行くぞ」
　金城はそれ以上何もいえずに２人の背中を見つめる。

18　CSE 社・会議室
　製品発表に向けた最後の３社会議、参加メンバーは最初のシーンと同じ。
　真田以外のメンバーは楽しそうにこれからの話をしている。

　END

ケースリードのシンプルチェックシート

　　ファシリテーター氏名　＿＿＿＿＿＿＿＿＿＿＿＿＿＿＿＿＿

ケースリーダー8つの役割　　　　　　　　　　　　　　　　　　**具体的理由**

　①質問者の役割　　　　　　　　　　　　　　OK　　　NG（

　②臨機応変な機略に富んだ人の役割　　　　　OK　　　NG（

　③簡単な講義を行う応急の講師の役割　　　　OK　　　NG（

　④発言をじっくり聞く傾聴者の役割　　　　　OK　　　NG（

　⑤発言をわかりやすく言い換える人の役割　　OK　　　NG（

　⑥討議を軌道に乗せたり、意見の錯綜を整理する
　　交通整理の役割　　　　　　　　　　　　　OK　　　NG（

　⑦意見を評価分析する評価者・分析者の役割　OK　　　NG（

（⑧参加者を評価する教師の役割）

「教育上の7つの罪」　—してはいけない7カ条—　　　　　　**具体的理由**

　1. 恩着せがましい　　　　　してない　してしまった（

　2. 皮肉　　　　　　　　　　してない　してしまった（

　3. 個人的詰問　　　　　　　してない　してしまった（

　4. 無作法・無礼　　　　　　してない　してしまった（

　5. ひとりよがり　　　　　　してない　してしまった（

　6. 自意識過剰　　　　　　　してない　してしまった（

　7. 口数が多い　　　　　　　してない　してしまった（

<u>今回のリードの評価すべき点と次回への課題</u>

　　評価すべき点

　　次回への課題：

ケースメソッドリード事前チェックリスト

研修の計画・ケース教材の選定
- [ ] 討論に参加するのはどのような人々か？
- [ ] 参加者の構成は？　人数は？
- [ ] きょうのテーマもしくは教育の目標は？
- [ ] 参加者はケースメソッドの経験があるか？
- [ ] 討論にかけられる時間はどのくらいか？
- [ ] 適当なケースを作成する必要がある場合は→作成
- [ ]
- [ ]

研修道具など
- [ ] マーカー（3色）
- [ ] ホワイトボード
- [ ] 書記用メモ用紙
- [ ]
- [ ]

討議の説明時
ケースメソッドの経験がない人への口上
- [ ] 「ケースメソッドとは？」を説明
- [ ] 「唯一の正解はない」
- [ ] 自分たちで最適解を作っていく
- [ ]

ケースメソッド開始直前（経験がある場合はここから）の口上
- [ ] グループ内で「共通の意思決定と共通の行動設計を作ってください」
- [ ] 司会役、書記役をおくよう依頼
- [ ] 必ず、ひとり一度以上、自分の口で、自分の意見をグループメンバーに話す
- [ ] あいまいな記述や情報は、（倫理的）想像力を存分に発揮して補って
- [ ] （初対面の人には、自己紹介を）

開始後
- [ ] グループディスカッション終了目安時間を伝える
- [ ]
- [ ]
- [ ]

以上

■引用・参考文献

L. B. バーンズ, C. R. クリステンセン, A. J. ハンセン編著, 高木晴夫訳『ケース・メソッド教授法』ダイヤモンド社, 2010年

L. B. バーンズ, C. R. クリステンセン, A. J. ハンセン編著, 高木晴夫訳『ケースメソッド実践原理』ダイヤモンド社, 1997年

W. エレット著, 斉藤聖美訳『入門ケース・メソッド学習法』ダイヤモンド社, 2010年

梅津光弘『ビジネスの倫理学』丸善, 2002年

坂井正廣・村本芳郎編著『ケース・メソッドに学ぶ経営の基礎』白桃書房, 1993年

高木晴夫・竹内伸一『実践！日本型ケースメソッド教育』ダイヤモンド社, 2006年

東北大学経営学グループ『ケースに学ぶ経営学』有斐閣ブックス, 1998年

中谷常二『ビジネス倫理学』晃洋書房, 2007年

ハーバードビジネスレビュー『マーケティングのジレンマ』ダイヤモンド社, 2004年

ハーバードビジネススクール『ケース・スタディ日本企業事例集』ダイヤモンド社, 2010年

百海正一『ケースメソッドによる学習』学文社, 2009年

水谷雅一『経営倫理学の実践と課題』白桃書房, 1995年

■あとがき

　著者は企業の経営倫理、コンプライアンス研修などの講師を務めさせていただく機会がある。その際には、常に本書で説明したケースメソッド教育法を活用し、参加者と共にコンプライアンスを考える形式で研修を進めている。実は、ケースメソッドでは正解がないため、すっきりしない気持ちで研修を終える参加者も少なくない。ただ、現実の意思決定や行動設計の結果が、すっきりした正解という形で出ることも、また本当に希なことであろう。成功したと思っても長い年月のうちに、それは成功ではなかったのではないかという評価を受ける場合もある。

　本書の使命は、多くの企業や教育機関でケースメソッド教育を行いたいと考える実務担当者や教員に活用してもらうことにある。それは社会に広くこの研修方法を広め、ケースメソッド教育法の認知度を向上させることにより経営倫理のさらなる浸透に貢献したいと考えているからだ。

　本書は、平成23～25年日本学術振興会「科学研究費　基盤研究（C）課題番号23530514」の「企業の中間管理職の倫理的問題の解決手順についての研究」の補助金によって出版することができた。この研究ではケースメソッドシナリオを用いた調査方法を採用している。しかし、その調査方法が被験者にとってなじみがないため、説明しても理解を得られないことが多く発生した。そのような研究の障害をなくすことも本書のもうひとつの使命でもある。本書が世に出ることで、同様の手法を用いる研究が一層円滑に促進できるようになればこの上ない喜びである。

　また、本書に掲載した事例「ソーラーブラインド」は、著者の本務校である金沢工業大学が、文部科学省の平成19年度「特色ある大学教育支援プログラム（特色GP）」に選定された「価値の共有による技術者倫理教育」への補助金により、「科学技術者倫理」教育のために制作したもので

あとがき

ある。今回本書において多くの方々にご紹介できたことがとてもうれしい。

このケース事例は本学の夏目賢一先生が学生と共にシナリオを作成した学生主導によって形作られた教材である。しかし、ドラマ化に際してのシーンの撮影や編集などはプロに依頼した。そのため、映像の仕上がり具合は映画やテレビドラマといわれてもまったく遜色ない出来栄えである。本書で紹介した手順で進めれば、問題発見、分析、解決型の事例教材としてきわめて高い効果を発揮しよう。

この教材はさらに、金沢工業大学の栃内文彦先生の日本学術振興会「科学研究費　基盤研究（B）課題番号24300274」の「グローバル社会における技術者倫理に関する実証的比較研究―行動規範構築と教材開発―」の補助金によって英語教材化が完了している。また、英語圏においても同様に活用してもらうことを想定し、日本学術振興会の長期招聘研究員として金沢工業大学に2013年9月から3か月間滞在した英国レスター大学のシグモンド A. ワグナーツカモト博士によって、技術者倫理的視点の活用のみならず経営倫理的視点からの分析を補塡していただいた。現在までで、アメリカ、オランダ、イギリス、韓国、台湾の大学のビジネスエシックスや、技術者倫理用教材として活用されている（問い合わせ先okabe@neptune.kanazawa-it.ac.jp）。今後もより多くの方々に使用され、さらに発展することを願ってやまない。

（謝辞）

本書執筆に長くの時間がかかったにもかかわらず、多くのご助言と励ましをいただいた白桃書房の平千枝子氏に心からの御礼を申し上げたい。筆者が故・水谷雅一先生の院生であった頃から、多くのご助言、ご鞭撻を頂戴している。今回も平氏のご助言が無ければ本書はこの世に存在しなかっ

た。

　また、本書掲載の写真やケースシナリオ教材のご提供など、日本経営倫理学会、経営倫理実践研究センター（BERC）とBERC会員企業様の多くからお力添えを頂戴した。とくに、大阪ガス株式会社、関西電力株式会社の企業倫理、CSR、コンプライアンスなどの担当部署の皆様には大変お世話になった。心から御礼を申し上げたい。最後に、ここまで支えてくれた妻・扶季に心からの感謝をしたい。彼女の協力がなければ本書の出版はありえない。深く深く感謝をしている。本書が関係者のお力添えを頂戴して発展を遂げることを祈念する。

　　　2013年12月　　　　　　　　　　　　　　　　　　岡部幸徳

■著者略歴

岡部　幸徳（おかべ　ゆきのり）
金沢工業大学准教授
2002年神奈川大学大学院経営学研究科博士後期課程修了
博士（経営学）
新日本証券㈱（現・みずほ証券㈱）、日本マクドナルド㈱を経て、1997年（社）経営倫理実践研究センター入所、現在主任研究員を兼務
2007年金沢工業大学准教授就任。基礎実技教育課程、情報経営学科を経て、2009年現職。2005－2009年早稲田大学企業倫理研究所客員研究員
2013年より金沢地方裁判所委員会委員

専門分野
経営学、経営倫理、技術者倫理、CSR（企業の社会的責任）、ホスピタリティマネジメント、ケースメソッド教授法

■ よくわかる経営倫理（けいえいりんり）・CSR（シーエスアール）のケースメソッド
　　エシックストレーニングのすすめ

■ 発行日──2014年2月26日　　　　　　　　　　〈検印省略〉

■ 著　者──岡部幸徳（おかべゆきのり）
■ 発行者──大矢栄一郎
■ 発行所──株式会社　白桃書房（はくとうしょぼう）
　　　　　　〒101―0021　東京都千代田区外神田5-1-15
　　　　　　☎ 03-3836-4781　FAX 03-3836-9370　振替 00100-4-20192
　　　　　　http://www.hakutou.co.jp/

■ 印刷・製本──三和印刷

Ⓒ Yukinori Okabe　2014　Printed in Japan　ISBN978-4-561-24630-5　C3034
本書のコピー、スキャン、デジタル化等の無断複製は著作権法上での例外を除き禁じられています。本書を代行業者等の第三者に依頼してスキャンやデジタル化することは、たとえ個人や家庭内の利用であっても著作権法上認められておりません。

JCOPY　〈㈱出版者著作権管理機構　委託出版物〉
本書の無断複写は著作権法上での例外を除き禁じられています。複写される場合は、そのつど事前に、㈱出版者著作権管理機構（電話03-3513-6969、FAX03-3513-6979、e-mail: info@jcopy.or.jp）の許諾を得てください。
落丁本・乱丁本はおとりかえいたします。

好評書

田中宏司・水尾順一編著
人にやさしい会社 　　　　　　　　　　　　本体価格 2381 円
―安全・安心、絆の経営―

小山嚴也著
CSR のマネジメント 　　　　　　　　　　　本体価格 2600 円
―イシューマイオピアに陥る企業―

谷口勇仁著
企業事故の発生メカニズム 　　　　　　　　本体価格 2800 円
―「手続きの神話化」が事故を引き起こす―

葉山彩蘭著
企業市民モデルの構築 　　　　　　　　　　本体価格 2800 円
―新しい企業と社会の関係―

斎藤悦子著
CSR とヒューマン・ライツ 　　　　　　　　本体価格 3000 円
―ジェンダー，ワーク・ライフ・バランス，障害者雇用の企業文化的考察―

東京　白桃書房　神田

本広告の価格は本体価格です。別途消費税が加算されます。

好 評 書

企業倫理研究グループ著　中村瑞穂代表
日本の企業倫理
　―企業倫理の研究と実践―　　　　　　　　　　　　本体価格 2800 円

黒川保美・赤羽新太郎編著
CSR グランド戦略
　　　　　　　　　　　　　　　　　　　　　　　　本体価格 2381 円

D. スチュアート著　企業倫理研究グループ訳　中村瑞穂代表
企業倫理
　　　　　　　　　　　　　　　　　　　　　　　　本体価格 3000 円

R.E. フリーマン / J.S. ハリントン / A.C. ウィックス著　中村瑞穂訳者代表
利害関係者志向の経営
　―存続・世評・成功―　　　　　　　　　　　　　本体価格 3300 円

樋口晴彦著
組織不祥事研究
　―組織不祥事を引き起こす潜在的原因の解明―　　本体価格 4000 円

――――――― 東京　白桃書房　神田 ―――――――

本広告の価格は本体価格です。別途消費税が加算されます。

好評書

日本経営倫理学会編
経営倫理用語辞典　　　　　　　　　　　　　本体価格 2600 円

日本経営倫理学会・㈳経営倫理実践研究センター監修
高橋浩夫編
トップ・マネジメントの経営倫理　　　　　　本体価格 3000 円

小林俊治・高橋浩夫編著
グローバル企業の経営倫理・CSR　　　　　　本体価格 3000 円

高橋浩夫著
グローバル企業のトップマネジメント　　　　本体価格 2500 円

森本三男著
企業社会責任の経営学的研究　　　　　　　　本体価格 3900 円

――――――　東京　白桃書房　神田　――――――
本広告の価格は本体価格です。別途消費税が加算されます。